Daniela Dejnega | Luzia Schrampf

111 Weine aus Österreich, die man getrunken haben muss

Mit Fotografien von Tobias Fassbinder

emons:

Bibliographische Informationen der Deutschen Nationalbibliothek
Die Deutsche Nationalbibliothek verzeichnet diese Publikation
in der Deutschen Nationalbibliografie; etaillierte bibliografische
Daten sind im Internet über http://dnb.d-nb.e abrufbar.

© Emons Verlag GmbH
Alle Rechte vorbehalten
© der Fotografien: Tobias Fassbinder
© Covermotiv: shutterstock.com/Lotus_studio
Layout: Eva Kraskes, nach einem Konzept
von Lübbeke | Naumann | Thoben
Kartografie: altancicek.design, www.altancicek.de
Kartenbasisinformationen aus Openstreetmap,
© OpenStreetMap-Mitwirkende, ODbL
Druck und Bindung: CPI – Clausen & Bosse, Leck
Printed in Germany 2020
Erstausgabe 2019
ISBN 978-3-7408-0618-7
Aktualisierte Neuauflage Februar 2020

Unser Newsletter informiert Sie
regelmäßig über Neues von emons:
Kostenlos bestellen unter
www.emons-verlag.de

Besonderen Dank an die Glasmanufaktur ZALTO in Gmünd,
die das Fotoshooting mit Gläsern unterstützt hat.

Liebe Weinfreunde,

eine große Ehre und ein riesiges Vergnügen ist es uns, Ihnen österreichischen Wein in 111 Exemplaren näherzubringen. Eines vorneweg: Unsere Haus- und Hofsorte ist Grüner Veltliner, und »frisch, fruchtig, knackig« lautet seit Langem das wichtigste Gebot, wenn es um den Weinstil geht. Doch Österreich hat weit mehr als diese eine Rebsorte zu bieten, sosehr wir sie mögen, und kann auch mehr als frisch-fruchtige Weine, sosehr diese die Grundlage des Erfolgs bilden. Die Vielfalt der österreichischen Weinlandschaft zu beschreiben ist uns ein Herzensanliegen.

»Herkunft« ist das große Thema. Die unterschiedlichen Interpretationen dazu sind ebenso zahlreich wie die Winzerinnen und Winzer, die sich damit befassen. Die Diskussionen darüber haben viele Umwälzungen in Gang gesetzt. Nicht nur deshalb hängen wir »im Abgang« ein Glossar an, damit spezifisch Österreichisches – beispielsweise auf Etiketten – verständlicher wird. Bei den ausgewählten Weinen geht es weniger um bestimmte Jahrgänge, sondern vielmehr um die Beschreibung von Ideen, Gegebenheiten und Geschmack.

Die Grandseigneurs des österreichischen Weines der vergangenen 30 Jahre leisteten einen nicht hoch genug zu schätzenden Beitrag zu dem, was heute weitergedacht und verfeinert wird. Doch es ist an der Zeit, auch Youngsters und Newcomer vor den Vorhang zu holen, weil sie sich nicht auf vorhandene Lorbeeren verlassen, sondern die »Wein-Dinge« in diesem Land vorantreiben – oft noch radikaler und kompromissloser als die vorherige Generation. Nicht wenige führen ihren Betrieb biologisch oder biodynamisch – tatsächlich stammen mehr als drei Viertel der vorgestellten Weine von Biowinzern, wie sich am Ende zeigte. Es fiel uns keineswegs leicht, die Vielfalt in »nur« 111 Weinen darzustellen. Wir haben unzählige Weine gemeinsam verkostet, besprochen und in Erwägung gezogen. Nicht wenige tolle Weine mussten wir aufgrund des Limits schweren Herzens weglassen. Wir freuen uns, wenn wir Fans des Rebensaftes neugierig machen und dazu verleiten können, Neues zu probieren. Denn der Weinhorizont in Österreich ist weiter, als man glaubt.

Auf die Vielfalt!
Luzia Schrampf & Daniela Dejnega

111 Weine

Niederösterreich

Wachau

1. Genossen des Weines | Domäne Wachau
   Riesling Achleiten Smaragd *** | 12
2. Am südlichen Gestade | Weingärtnerei Frischengruber
   Grüner Veltliner Ried Kreuzberg Smaragd **** | 14
3. Großes Kino im Graben | Grabenwerkstatt
   Riesling Ried Trenning Smaragd ***** | 16
4. Frevel mit Fruchtfleisch | Weingut Machherndl
   Pulp Fiction No. 3 ** | 18
5. Ganz schön strukturbetont | Weingut Martin Muthenthaler
   Grüner Veltliner Ried Schön **** | 20
6. Die 100-Punkte-Sensation | Nikolaihof
   Riesling Vinothek ***** | 22
7. Wie er gehört! | Weingut Veyder-Malberg
   Riesling Weißenkirchener Ried Buschenberg ***** | 24

Kremstal

8. Gespür für Balance | Geyerhof
   Grüner Veltliner Ried Steinleithn Kremstal DAC ** | 28
9. Kontrollverlust | Christoph Hoch
   Kalkspitz Pet Nat ** | 30
10. Herzensangelegenheit | Mantlerhof
    Roter Veltliner Reisenthal Botega *** | 32
11. Sauvignon auf leiwand | Weingut Sepp Moser
    Sauvignon blanc *** | 34
12. Eingedeutscht | Weingut Proidl
    Riesling Proidl spricht deutsch *** | 36
13. Krems klassisch | Salomon Undhof
    Grüner Veltliner Ried Wachtberg Kremstal DAC ** | 38
14. Auf den Hund gekommen | Lesehof Stagård
    Riesling Ried Steiner Hund *** | 40
15. Aus Trauben, gut und rein | Stift Göttweig
    Grüner Veltliner Messwein ** | 42
16. In Feierlaune | Weingut Alexander Zöller
    Fräulein Müller macht Party ** | 44

Kamptal

17   Kalt, warm | Weingut Bründlmayer
Grüner Veltliner Ried Käferberg Kamptal DAC Reserve **** | 48

18   Kühler Klassiker | Birgit Eichinger
Grüner Veltliner Ried Strasser Hasel Kamptal DAC * | 50

19   Turn up the Volume | Fuchs und Hase
Pet Nat Vol. 3 ** | 52

20   Nimbus einer Lage | Hirsch
Riesling Ried Heiligenstein Kamptal DAC *** | 54

21   Veltliner als Abenteuer | Jurtschitsch
Grüner Veltliner Belle Naturelle ** | 56

22   Vor Ideen sprudeln | Fred Loimer
Blanc de Blancs Langenlois Große Reserve brut nature **** | 58

23   Pre-industrial | Weingut Schloss Gobelsburg
Riesling Tradition *** | 60

24   Etsdorf goes natural | Matthias Warnung
Grüner Veltliner Espere ** | 62

Wagram und Traisental

25   Perlen vom Löss | Weingut Diwald
Grüner Veltliner Sekt Brut ** | 66

26   Wagram, ganz zart | Weinberghof Fritsch
Pinot noir Exlberg ** | 68

27   Rot und doch nicht rot | Josef Fritz
Roter Veltliner Ried Mordthal ** | 70

28   Weinwerk Orange | Gut Oberstockstall – Fritz Salomon
Oran^{ge} *** | 72

29   Messerscharf | Neumayer
Grüner Veltliner Zwiri Traisental DAC ** | 74

Weinviertel

30   Trau keinem unter 30 | Ebner-Ebenauer
Sekt Blanc de Blancs Zero Dosage ***** | 78

31   Naturwein mit Soul | mg vom sol – Michael Gindl
Weissburgunder Sodalis ***** | 80

32   Dessen Name nicht genannt werden darf | Ingrid Groiss
Gemischter Satz Braitenpuechtorff * | 82

33   Trocken oder brut? | Sektkellerei Madl
Cuvée Special brut *** | 84

34   Der persönliche Veltliner | Elisabeth Rücker
Grüner Veltliner Ried Halblehen ** | 86

35   Sekt-Kompetenz | Weingut Schödl
Blanc de Blancs brut ** | 88

36   Wieder wer sein | Seymanns Weinhandwerkerei
Blauer Portugieser Rakatai ** | 90

37 — Veltliner-zentriertes Weltbild | Herbert Zillinger
Grüner Veltliner Ried Vogelsang ** | 92

38 — Amphore, interzellular | Johannes Zillinger
Numen Rosé Sankt Laurent *** | 94

39 — Geholt aus Brünn | Zuschmann-Schöfmann
Grüner Veltliner Frau Else zu Brynn * | 96

Carnutum

40 — Zweigelt mit Schuss | Philipp Grassl
Rubin Carnuntum ** | 100

41 — Madame Spitzerberg | Weingut Dorli Muhr
Samt & Seide Prellenkirchen Blaufränkisch ** | 102

42 — Sehr persönlich | Irene und Horst Pelzmann
Blaufränkisch Spitzerberg *** | 104

43 — Mit Füßen getreten | Johannes Trapl
Sankt Laurent ** | 106

Thermenregion

44 — Rebsorten Turbo Twins I | Weingut Gebeshuber
Rotgipfler Ried Laim *** | 110

45 — No risk, no fun! | Georg Nigl
Pet Nat #3 ** | 112

46 — Lohn der Geduld | Georg Schneider
Pinot noir Ried Tagelsteiner ** | 114

47 — Rebsorten Turbo Twins II | Stadlmann
Zierfandler Ried Mandel-Höh **** | 116

Wien

48 — Aus Liebe zur Buschenschank | Jutta Ambrositsch
Gemischter Satz »Ringelspiel« *** | 120

49 — Ein Wein wie ein Mensch | Michael Edlmoser
Gemischter Satz »Qualtinger« maischevergoren **** | 122

50 — Ode an den G'spritzten | Weißer Gespritzter
Spritzer - Weißweinschorle - Spritzwein | 124

51 — Überzeugender Solist | Peter Uhler
Gelber Muskateller Ried Reisenberg ** | 126

52 — Vom Underdog zum Role Model | Fritz Wieninger
Wiener Gemischter Satz DAC Ried Ulm *** | 128

Burgenland

Neusiedlersee

53 — Andert als die anderen | Andert Wein
Blauer Zweigelt ** | 132

54 — Korea am Neusiedlersee | Weingut Beck
Koreaa Gemischter Satz ** | 134

55 — Tugend aus der Not geboren | Andreas Gsellmann
Traminer maischevergoren *** | 136

56 — Ohne Schminke | Weingut Hareter
Naturschönheit * | 138

57 — Purist mit Terrakotta | H. P. Harrer
Neuburger Ton Steine Reben *** | 140

58 — Mut zur Freiheit | Heike & Gernot Heinrich
Graue Freyheit *** | 142

59 — Der Wein für immer | Gerhard & Brigitte Pittnauer
Weiße Cuvée »perfect day« ** | 144

60 — Nach Art des Clauses | Claus Preisinger
Pinot noir **** | 146

61 — Golser Dry Farming | rennersistas
Waiting For Tom Rosé ** | 148

62 — Ein Freigeist verzichtet | Christian Tschida
Cabernet Franc Kapitel 1 *** | 150

63 — Selbstzensur mit Lindenblatt | Weingut Umathum
Königlicher Tafelwein ** | 152

Leithaberg & Rust

64 — Kalk oder Schiefer? | Markus Altenburger
Blaufränkisch Ried Jungenberg ***** | 156

65 — Warten auf die Edelfäule | Weingut Feiler-Artinger
Ruster Ausbruch Pinot Cuvée ** | 158

66 — Wein-Persönlichkeiten | Gut Oggau
Josephine *** | 160

67 — Wiederbelebung | Kloster am Spitz
Blaufränkisch Muschelkalk Rot ** | 162

68 — Burgenland meets Steiermark | Weingut Kollwentz Römerhof
Sauvignon blanc Steinmühle ** | 164

69 — Mit Butz und Stingel | Weingut Lichtenberger-González
Muskat Ottonel *** | 166

70 — Auferstanden | Hans & Anita Nittnaus
Chardonnay Ried Bergschmallister Leithaberg DAC *** | 168

71 — Eleganz der Schlichtheit | Weingut Prieler
Pinot blanc Leithaberg DAC ** | 170

72 — Wie eine Fata Morgana | Schönberger
Grüner Veltliner Burgenland * | 172

73 — Erhebende Süße | Heidi Schröck
Ruster Ausbruch »Auf den Flügeln der Morgenröte« *** | 174

74 — Legendär | Ernst Triebaumer
Blaufränkisch Ried Mariental **** | 176

75 — Reben-Schmuggel | Michael Wenzel
Furmint Ried Vogelsang *** | 178

Mittelburgenland

76 — Ungeschwefelt geht | Weinhof Bauer-Pöltl
Blaufränkisch Natur *** | 182

77 — Charakterstudie | Gober & Freinbichler
Neckenmarkt Blaufränkisch ** | 184

78 — Pannonien on my mind | Moric
Blaufränkisch Lutzmannsburg Alte Reben **** | 186

79 — Der mit St. Laurent kann | Hannes Schuster
Sankt Laurent Zagersdorf **** | 188

80 — Auf sie mit Gebrüll! | Weingut Wellanschitz
Neckenmarkter Fahnenschwinger Blaufränkisch Alte Reben ** | 190

81 — Rage against the Machine | Franz Weninger
Kalkofen Blaufränkisch **** | 192

Eisenberg

82 — Der Fuchs in der Flasche | Herczeg
Uhudler Frizzante * | 196

83 — Schieferwürze | Weingut Kopfensteiner
Blaufränkisch Ried Saybritz Eisenberg DAC Reserve *** | 198

84 — Pionier des Weglassens | Weinbau Schiefer pur
Blaufränkisch Ried Szapary »s« ***** | 200

85 — Die Unglamourösen | Weinbau Straka
Cuvée »Alte Reben« weiß ** | 202

86 — Zu Ehren der Großväter | Wachter-Wiesler
Blaufränkisch Béla-Jóska Eisenberg DAC ** | 204

87 — Schmecke den Berg | Weinbau Weber
Blaufränkisch Eisenberg DAC * | 206

Steiermark

Vulkanland Steiermark

88 — Sortenpräzise, wie's im Buche steht | Weingut Frauwallner
Weißburgunder Ried Buch *** | 210

89 — Die wiedergeborene Diva | Herrenhof Lamprecht
Furmint vom Sandstein ** | 212

90 — Brückenbauer | Weingut Müller
Gewürztraminer Ried Hochwarth ** | 214

91 — Zeitgemäß archaisch | Weingut Ploder-Rosenberg
Blanca *** | 216

92 — Widerstandskämpfer | Josef Scharl
Muscaris Kvevri »Der Mann im Mond« *** | 218

Südsteiermark

93 — Burgunder über alles | Hartmut Aubell
Burgunder Klevner ** | 222

94 — Naturwein für alle! | Weingut Harkamp
Gelber Muskateller Natural ** | 224

95 — Zur Erinnerung | Weingut Tamara Kögl
Grüner Sylvaner »Denkmal« * | 226

96 — Lob des Purismus | Lackner Tinnacher
Grauburgunder Steinbach *** | 228

97 — Muskateller ganz anders | Michi Lorenz
Gelber Muskateller Schwarzer Schiefer Hochbrudersegg *** | 230

98 — Individuell vielschichtig | Weingut Muster
Graf Morillon *** | 232

99 — Ein Wein für eine ganze Stadt | Hannes Sabathi
Grauburgunder Ried Kehlberg Falter Ego *** | 234

100 — Von Muscheln und Korallen | Sattlerhof
Morillon Pfarrweingarten **** | 236

101 — Höher, steiler, Sausal | Weingut Schauer
Sauvignon blanc Kitzeck-Sausal ** | 238

102 — Der Konsequente | Karl Schnabel
Rotburger Sausal ** | 240

103 — Der unbekannte Star | Weingut Tauss
Sauvignon blanc Vom Opok ** | 242

104 — Welsch von Welt | Tement
Welschriesling Ottenberg Veitlhansl ** | 244

105 — Null Kitsch | Weingut Warga-Hack
Weißburgunder Kitzeck-Sausal ** | 246

106 — Wahrhaftige Eleganz | Weingut Werlitsch
Ex Vero III **** | 248

107 — Riesling extrem | Weingut Wohlmuth
Riesling Dr. Wunsch ** | 250

Weststeiermark & Bergland

108 — Schilcher 2.0 | Langmann
Schilcher Ried Hochgrail * | 254

109 — Trinkfluss in Hellgrün | Weingut Strohmeier
TLZ Lysegrøn **** | 256

110 — Wein mit Pferd | Georgium
Pinot noir Nero ** | 258

111 — Wie ein Gebirgsbach | Weinbau Zoller-Saumwald
Chardonnay ** | 260

Preisgruppen
* bis 10 Euro | ** 10–20 Euro | *** 20–30 Euro | **** 30–40 Euro | ***** über 40 Euro

Niederösterreich

Wachau

Wachau – die Betonung liegt übrigens auf der zweiten Silbe – heißt das eng eingeschnittene Tal der Donau zwischen Melk und Krems. Steile Weinterrassen mit den typischen Trockensteinmauern und pittoreske mittelalterliche Weinorte prägen die reizvolle Landschaft, an welcher sich unzählige Rad- und Weintouristen erfreuen.

Auf etwa 1.340 Hektar Rebfläche ist Grüner Veltliner die wichtigste Rebsorte, auch wenn die Wachau zuerst mit ihren großen Rieslingen Weltruhm erlangte. Die Toplagen, wie zum Beispiel Loibenberg, Kellerberg, Achleiten, Klaus oder Singerriedel, befinden sich allesamt am linken Ufer der Donau in Fließrichtung des Flusses. Ganz im Westen liefern die Rieden im kühlen Spitzer Graben die spannendsten Weine. Lohnenswert ist in jedem Fall auch eine Entdeckungsreise am ruhigeren rechten Ufer.

Die Wachauer Winzer gründeten bereits in den frühen 80er Jahren – zur Sicherung von Qualität und Herkunft – den Verein »Vinea Wachau«, der die Einteilung der Weine in die drei bekannten Wachauer Kategorien »Steinfeder« für Leichtweine, »Federspiel« für Mittelgewichte und »Smaragd« für die kräftigsten und lagerfähigsten Weine etablierte – mit großem Erfolg. So sahen die traditionsbewussten Wachauer lange keinen Grund, sich dem in den meisten österreichischen Weinbaugebieten geltenden DAC-Herkunftssystem anzuschließen. Doch wurde Wachau Districtus Austriae Controllatus nun auf den Weg gebracht.

1 — Genossen des Weines
Riesling Achleiten Smaragd ***

Dieser Riesling Achleiten macht sich hervorragend – und zwar nicht »eh hervorragend« oder mit der Einschränkung »für einen Genossenschaftswein«. Er ist absoluter Spitzenwein, der vorne mit dabei ist, weil er den speziellen Charakter dieser Edel-Riede bei Weißenkirchen perfekt widerspiegelt. In Achleiten – Gföhler Gneis oben, im unteren Bereich geschiefterter Amphibolit – entstehen höchst lagerfähige Weine, die nach Jahren oft noch mit Jugendlichkeit bestechen. Der steinige, teils sehr durchlässige Boden drückt sich in einer rauchigen, an einen erkalteten Kamin erinnernden Mineralität aus und drängt zuweilen den Rebsorten-Charakter in den Hintergrund, was höchst reizvoll ist: Steinobst wie im Riesling und Körnerwürzigkeit wie im Veltliner findet man oft gleichzeitig in Achleiten-Weinen, je nach kühlerem oder wärmerem Jahrgangscharakter.

Weingutsleiter Roman Horvath MW und der technische Direktor Heinz Frischengruber führten mit ihrem Amtsantritt 2005 ein Bonitursystem ein, um aus den Möglichkeiten der Genossenschaft mit 250 Mitgliedern das Beste herauszuholen. Darin stecken viel Detail- und Überzeugungsarbeit. Die Weingärten von etwa 440 Hektar wurden durchforstet, Güte und Arbeitsaufwand definiert, entlohnt wird nach Qualität der Arbeit in Relation zur Herkunft. Beratung gibt es in jeder Phase des Weinjahres. Bei 3.500 Parzellen, auf denen Trauben reifen, ist die Weinlese ein jährlich neu zu organisierendes Meisterwerk der Logistik. Bei der Kellerarbeit regiert Pragmatismus.

Das Sortiment wurde klug strukturiert. Unter »Domäne Wachau« sind die Topweine, unter »Backstage« Schräges und Rares zusammengefasst, wie ein Müller-Thurgau »anders« vinifiziert, ein Gemischter Satz, der nicht ins Wachau-System fällt, Rotweine wie ein Pinot noir oder Weine, die um des Experimentierens willen in »anderen« Behältnissen ausgebaut werden – in Amphoren jeglicher Machart, Betoneiern, Steingutfässern oder in einem in Wachauer Marmor gehauenen Tank.

Domäne Wachau | 3601 Dürnstein 107 | Tel. +43/2711/371 |
www.domaene-wachau.at | office@domaene-wachau.at

2 Am südlichen Gestade

Grüner Veltliner Ried Kreuzberg Smaragd ****

Angesichts der Glorie der Wachau vergisst man leicht, dass die Donau auch ein südliches Ufer mit Weingärten hat. Neben der bekannten Familie Saahs am Nikolaihof in Mautern (siehe Nr. 6) gibt es mehr und mehr Winzer der jüngeren Generation, die dort frisch ans Werk gehen und sich immer öfter auf die Zehen stellen, um laut »Hier« zu rufen.

Georg Frischengruber ist einer von ihnen. Er kommt aus einer alteingesessenen Winzerfamilie im pittoresken Rossatz und hat mit einem Grünen Veltliner Ried Kreuzberg aufgezeigt, was auf dieser Seite der Donau möglich ist. Der Weingarten ist keinen halben Hektar groß, ist etwa 60 bis 70 Jahre alt und wurde seinem Bruder Heinz von Großmutter Frischengruber vererbt, der jedoch als technischer Direktor der Domäne Wachau anderweitig beschäftigt ist. Gewerkt wird dennoch in brüderlicher Kooperation.

Die Riede liegt am Rand des Dunkelsteiner Waldes, der geologisch zur Böhmischen Masse gehört, die auch für den Unterbau des Nordufers verantwortlich ist, und fällt leicht nach Norden ab. Amphibolit ist im Untergrund, jenes Gestein, das unter anderem für den rauchigen Ton der weit prominenteren Achleiten verantwortlich ist. Der Wald sorgt in Kombination mit der Exposition des Nachts für eine noch intensivere Abkühlung als am nordseitigen Ufer. Zum Terroir gehört auch ein Trockenrasen mit seltenen Pflanzen wie Steinfedergras, Kuhschelle oder einer raren Orchideenart.

Veltliner Kreuzberg wird von Hand, so spät es geht, gelesen und im gebrauchten 500-Liter-Holzfass spontan vergoren und ausgebaut. Er gehört zu der Sorte Veltliner, die sich mit einem fast tropischen Fruchtaromenmix als Riesling gebärdet, um dann erst alles aufzufahren, das ihn wieder die Kurve zum Veltliner kriegen lässt: Tabak, rauchige Aromen, Kräuter und einen guten Tanningrip. Kreuzberg ist kein plumper Powerwein, aber gediegen kraftvoll und saftig. Ein schöner Gruß aus dem Süden.

Georg Frischengruber | Am Platzl 19 | 3602 Rührsdorf | Tel. +43/2714/6354 | www.frischengruber.at | wein@frischengruber.at

3 Großes Kino im Graben
Riesling Ried Trenning Smaragd *****

Dieser Riesling gehört zur Grabenwerkstatt, einem 2014 gegründeten Weinprojekt im Spitzer Graben am westlichen Ende der Wachau. Franz Hofbauer, »ein Kind der Wachau, nur ohne eigenen Weingarten aufgewachsen«, und Michael Linke aus der Pfalz sind *best buddies* aus ihrer gemeinsamen Zeit bei der Domäne Wachau. Herkunft, übers Glas dargestellt, fasziniert sie. Der Spitzer Graben ist ein schmales Seitental zur Donau, karger, kühler, trockener als alles andere im Gebiet. Die Weingärten entlang des Spitzer Bachs sind spektakulär steil, auf schmalen Terrassen angelegt, die durch Trockensteinmauern gestützt werden, und richten sich wie Hohlspiegel nach Süden aus – ideal für die Umsetzung ihrer Idee, Weine genau dort und nur aus Riesling und Veltliner zu machen. Sie arbeiten nach Prinzipien der Biodynamie und per Hand.

Als Peter Malberg begann, dort alte Weingärten wiederzubeleben (siehe Nr. 7), inspirierte er damit auch andere Winzer (siehe Nr. 5). Riesling und Neuburger sind verbreitet, weil sie mit den kargen Bedingungen am besten zurechtkommen. Da Veltliner kein Freund der Entbehrungen ist, gibt es ihn in weit kleinerem Ausmaß als im Rest der Wachau.

Trenning mit einem Boden aus Gneis und Kalk ist die allerletzte Riede im Tal und auf 550 Meter höher gelegen als jede andere in der Wachau. Wäre sie nicht nach Süden ausgerichtet, würden Trauben hier nicht ausreifen. Riesling Trenning ist eine mineralische Explosion, intensiv steinig, lang, supertrocken mit salziger Würze und feiner Weingartenpfirsich-Note.

Zur Grabenwerkstatt gehören heute drei Hektar in allen Graben-Rieden, auch Bruck, Schön, Brandstatt und Kalkofen. Die Sortenpalette wurde um Neuburger und einen Rosé aus St. Laurent erweitert. Bei Spitzer Graben und zwei Rebsorten blieb es nämlich nicht, zu interessanten Weingärten außerhalb des Zielgebiets sagen Weinfanatiker wie Hofbauer und Linke auch nicht Nein.

Grabenwerkstatt | Brandstatt 8 | 3622 Trandorf | Tel. +43/650/6473920 | www.grabenwerkstatt.at | weingut@grabenwerkstatt.at

4 Frevel mit Fruchtfleisch
Pulp Fiction No. 3 **

Riesling und Grüner Veltliner als Wachauer Cuvée! Die seltene Mischung mutet frevelhaft an, hat man sich doch an die traditionell sortenreinen Weine der Wachau gewöhnt. Doch Erich Machherndl ist ein experimentierfreudiger Winzer, der sich gern Neues einfallen lässt und ein gewisses Faible für Maischevergorenes und für Naturwein hat.

Dabei wollte Erich gar kein Winzer werden. Erst nach langen Jahren als Medizintechniker entschied er sich letztendlich für das Weingut der Eltern in Wösendorf. Gut, dass er keine Weinbauschule absolvierte, denn als halber Quereinsteiger genießt Erich die Freiheit, auch ein bisschen Querkopf zu sein. So stoppte er bald die Verwendung von Herbiziden im Weingarten und ist heute einer der wenigen Biowinzer im Gebiet. Zudem verweigerte er sich dem Wachauer Wettbewerb um die höchste Konzentration, den meisten Extrakt und den kräftigsten Alkohol. Stattdessen dürfen seine knochentrockenen Weine auch Ecken und Kanten zeigen, belästigen nicht mit plakativer Frucht, sondern erfreuen mit straffer Struktur.

Weiterhin füllt Erich seine Weine in den klassischen Wachauer Kategorien – Steinfeder, Federspiel und Smaragd – in die Flasche, aber unter dem Namen »Pulp Fiction« bereitet er eine spezielle Weinserie, die einem anderen Drehbuch gehorcht und ihre eigenen »Geschichten vom Fruchtfleisch« erzählt – zum Beispiel von Vergärung auf den Schalen und von minimaler Schwefelung. In Pulp Fiction No. 1 wirken Frühroter Veltliner und Gelber Muskateller als fröhliche Hauptdarsteller, während in Pulp Fiction No. 3 Riesling und Veltliner mit unglaublich viel Trinkfluss Stimmung machen. Die beiden Sorten geben ein ungeahnt witziges Duo, wenn sie mit zartem Gerbstoff und lebhafter Säure ihren frechen, abwechslungsreichen Auftritt hinlegen – naturtrüb im Glas, abseits vom Mainstream, erfrischend und köstlich.

Weingut Machherndl | Hauptstraße 1 | 3610 Wösendorf |
Tel. +43/664/4500162 | www.machherndl.com | office@machherndl.com

5   Ganz schön strukturbetont
Grüner Veltliner Ried Schön ****

In einem Seitental im äußersten Westen der Wachau fließt der Spitzer Bach, der von Norden kommend den kalten Hauch des Waldviertels mitbringt (siehe Nr. 3). Wenn die Winzer im kargen Spitzer Graben im Herbst mit der Weinlese beginnen, befinden sich ihre Kollegen im Osten der Wachau bereits seit zwei Wochen im Erntefieber.

Martin Muthenthaler, der das Weingut seiner Eltern mit drei Hektar Steillagen 2006 übernahm, sieht darin keinen Nachteil, denn dank der kühlen Herbstnächte bleibt sowohl beim Riesling als auch beim Grünen Veltliner eine präzise und animierende Säure erhalten. Während in der bekannten Ried Bruck die Sorte Riesling dominiert, gibt in der Nachbarlage Schön der Grüne Veltliner den Ton an. Dies ist dem überraschend tiefgründigen Braunerdeboden auf Gneis und Glimmerschiefer geschuldet, der die Veltliner-Reben ideal mit Nährstoffen versorgt. Martins Parzellen in der Ried Schön befinden sich in einem nach Westen geneigten, von einem Waldhügel geschützten Bereich und sehen bis spät am Vormittag keine Sonne. Grüner Veltliner mit viel Frucht, aber kühlem Säurezug, mineralischem Kern und viel Würze entsteht hier.

Der hohe Arbeitsaufwand im Spitzer Graben veranlasst Nebenerwerbswinzer zunehmend zur Aufgabe von Weingärten. Martin konnte seine Rebfläche problemlos verdoppeln und mauserte sich sehr rasch vom Traubenlieferanten der ansässigen Genossenschaft zu einem der interessantesten Gesichter der »Neuen Wachau«. Sein Freund und Ratgeber Peter Malberg wies die Richtung zum biologischen Anbau (siehe Nr. 7), und Martins Weine gewannen zusehends an Eigenständigkeit, Authentizität und Niveau. »Alkohol ist sicherlich kein Gradmesser für Qualität«, unterstreicht der ruhige, bodenständige Winzer, der auf Strukturweine ohne Botrytisnoten setzt. Und die sind in der Jugend manchmal verschlossen, doch mit nur ein wenig Reife ein wahres Vergnügen an Komplexität.

Weingut Martin Muthenthaler | Bachstraße 11 | 3622 Mühldorf/Wachau | Tel. +43/676/7229620 | www.weingut-muthenthaler.at | info@weingut-muthenthaler.at

6 — Die 100-Punkte-Sensation
Riesling Vinothek *****

Nur sehr sehr selten geschieht es, dass der bekannte amerikanische Weinkritiker Robert Parker und sein Team einen Weißwein mit 100 Punkten adeln. Im Frühjahr 2014 war es so weit. Man zückte die sensationelle Höchstwertung für den Nikolaihof Riesling »Vinothek« vom Jahrgang 1995. Das hieß, zum ersten Mal 100 Punkte für ein österreichisches Weingut und zum ersten Mal 100 Punkte für einen trockenen Riesling!

Große Freude am Nikolaihof in Mautern und in ganz Österreich. In ganz Österreich? Nun, ein wenig gewundert haben sie sich zuerst schon, die Österreicher. Denn der 100-Punkte-Wein stammte von einem biologisch-dynamischen Weingut, hatte damals bereits 19 Jahre auf dem Buckel und war ein Leichtgewicht im Alkohol. All das entsprach so gar nicht dem, was passionierte Viel-zu-jung-Weintrinker von einem Wachauer Top-Riesling gewöhnt waren. Das Parker-Urteil belohnte Eleganz, Komplexität und Feinheit. Das war neu.

Familie Saahs vom Nikolaihof wertet die 100 Punkte als wunderbare Bestätigung ihres oft mühsamen, aber konsequent gegangenen Weges als Demeter-Weingut. Für die seit 1971 geleistete Pionierarbeit im biodynamischen Weinbau wurden die Saahs in der Heimat oft belächelt, manchmal angefeindet. An internationalen Erfolgen mangelte es dafür nie.

Nikolaus Saahs erklärt zur »Vinothek«-Serie: »Wir begannen mit der langen Fasslagerung als bewusste Reaktion auf die Jungweinwelle. Der Riesling Vinothek 1995 verbrachte 17 Jahre in einem 3.500-Liter-Holzfass und wurde im April 2012 abgefüllt. Mit ihm kam der Durchbruch, und auch in Österreich begann ein Umdenken.« Wer den legendären 1995er verkostet oder getrunken hat, darf sich glücklich schätzen – er ist zur absoluten Rarität geworden. Gut, dass die »Vinothek«-Weine nun ein fester Bestandteil des Sortiments sind. Den Jahrgängen 1997 und 2000 folgend, gelangte im Frühjahr 2019 der 2002er in den Verkauf.

Nikolaihof - Familie Saahs | Nikolaigasse 3 | 3512 Mautern | Tel. +43/2732/82901 | www.nikolaihof.at | wein@nikolaihof.at

7 — Wie er gehört!
Riesling Weißenkirchener Ried Buschenberg *****

In der Wachau gibt es weltberühmte Traditionslagen – der Buschenberg in Weißenkirchen gehört nicht dazu. Dass aber gerade hier riesiges Potenzial schlummert, offenbart sich jedem, der Peter Malbergs faszinierenden Riesling von diesen steilen Terrassenweingärten probiert. Warum er den Buschenberg hochwertiger findet als die viel bekanntere und unmittelbar benachbarte Riede Klaus, erklärt der Winzer am liebsten bei einer Begehung: »Der Buschenberg blieb unbekannt, weil keiner der berühmten Wachauer Winzer einen Lagenwein von dieser Riede füllte. Nicht nur der reine Glimmerschieferboden, auch klimatische Gegebenheiten kommen dem Riesling hier besonders zugute.« Der Buschenberg ist dem Wind nur wenig ausgesetzt, was die empfindlichen Riesling-Reben schätzen, und durch die Südost-Exposition trocknen die Trauben am Morgen sehr rasch. So besteht kaum Botrytis-Gefahr. Im Sommer liegt der Buschenberg früher am Abend im Schatten, und die erfrischende Säure bleibt erhalten.

Peter Malberg baut seinen Buschenberg im Akazienfass aus, nur 1.000 bis 1.600 Flaschen gibt es jährlich. Bei aller Intensität verliert dieser tiefgründige und balancierte Riesling nie an Trinkfluss, behält immer Frische und Zug.

»Mit dem Buschenberg will ich ein Statement setzen. Das ist ein Riesling, wie er gehört«, sagt der Winzer sanft ironisch, der in der Hoch-Zeit der üppigen, alkoholstarken Wachauer Smaragde mit seinen feingliedrigen und eleganten Weinen von Anfang an nicht nur die besten Sommeliers der Welt überzeugte. Erst 2008 gründete Malberg sein eigenes Weingut im kühlen Spitzer Graben. Die Weingärten bearbeitet er biodynamisch und pflegt mit viel Hingabe die steilen Terrassenlagen, wo kein Traktoreneinsatz möglich ist. Notwendige Rekultivierungsarbeiten begannen oft mit dem Aufbau der eingefallenen Trockensteinmauern. Statt der Bezeichnung »Smaragd« tragen die Weine das persönliche Siegel »Handarbeit«.

Weingut Veyder-Malberg | Viessling 52 | 3620 Spitz an der Donau |
Tel. +43/664/1641168 | www.veyder.malberg.at | office@malberg.at

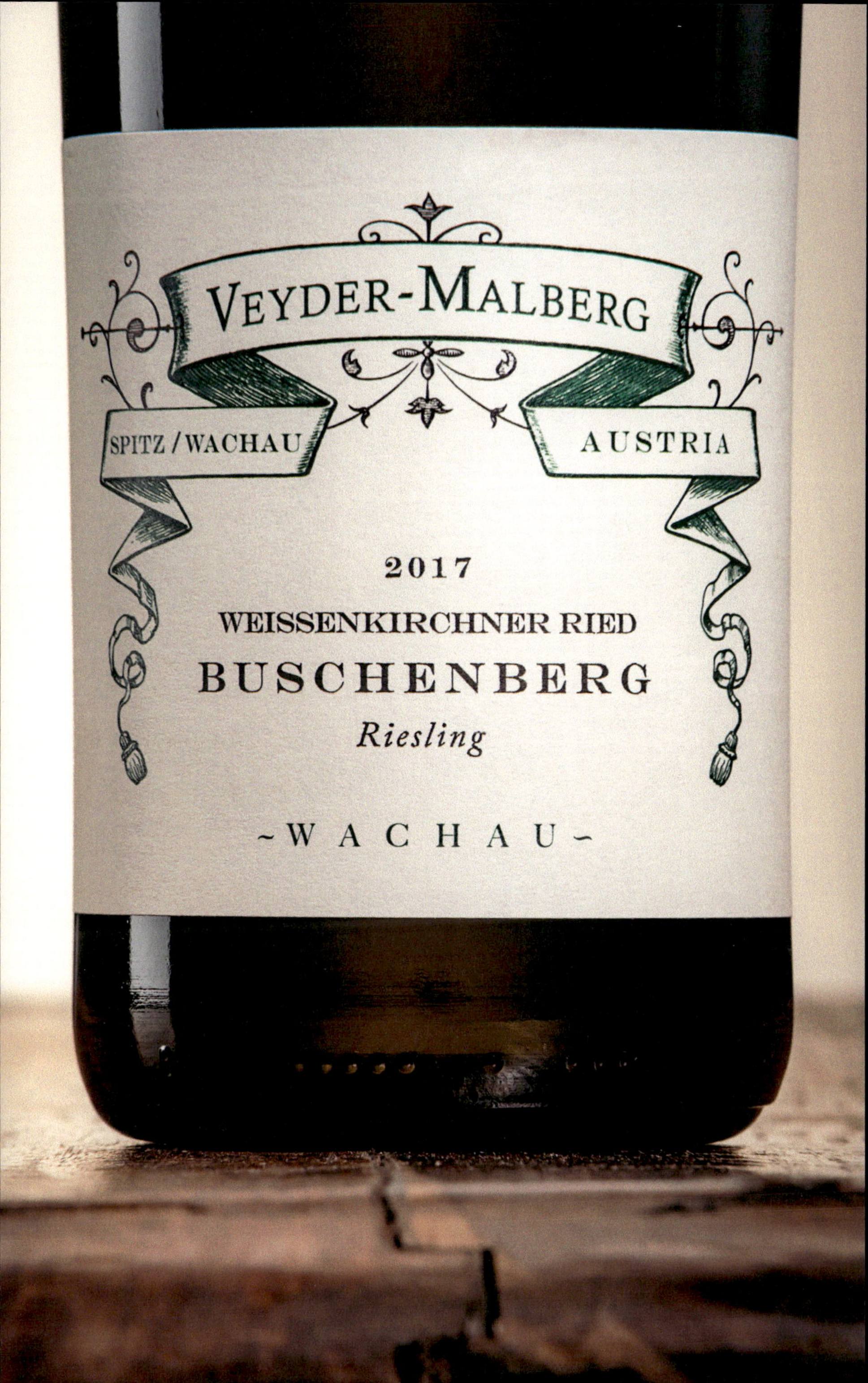
VEYDER-MALBERG
SPITZ / WACHAU
AUSTRIA
2017
WEISSENKIRCHNER RIED
BUSCHENBERG
Riesling
~WACHAU~

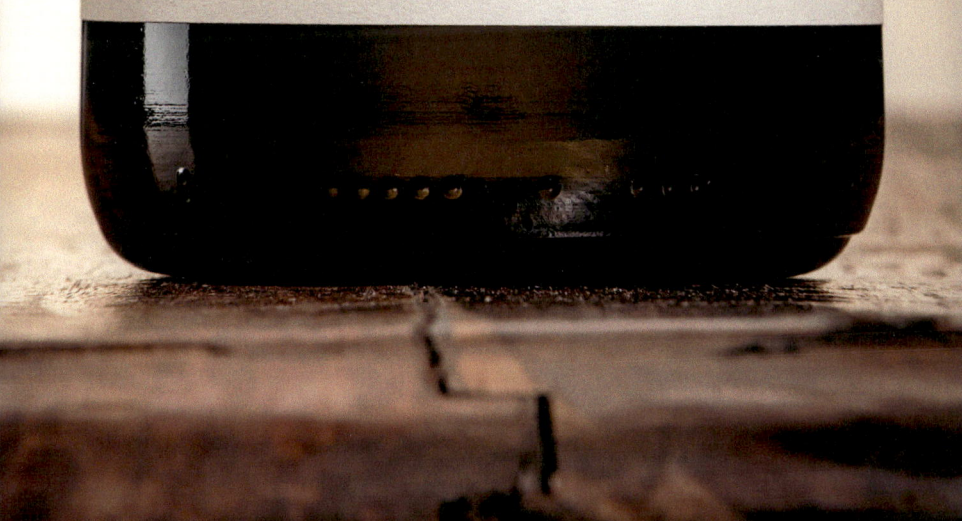

Niederösterreich

Kremstal

Das Kremstal besitzt drei Gesichter. Das Tal der Krems – im Gegensatz zum Kamp ist die Krems ein weiblicher Fluss – bildet das eigentliche Kremstal, wo die oft steilen Lagen und steinigen Böden jenen der angrenzenden Wachau nicht unähnlich sind.

Östlich der lebendigen Weinstadt Krems, die auch ein wichtiges kulturelles Zentrum ist, findet man die Orte Rohrendorf und Gedersdorf mit tiefgründigen Lössböden und einer Tendenz zu fülligeren Weinen. Schließlich erblickt man im Teilgebiet südlich der Donau das Benediktiner-Stift Göttweig als thronendes Wahrzeichen, während um die Orte Furth, Palt und Krustetten auch flachere Hänge vorkommen.

Grüner Veltliner und Riesling dürfen sich seit dem Jahrgang 2007 mit der Herkunft Kremstal DAC schmücken, und das dreistufige System von Gebietswein, Ortswein und Riedenwein (= Lagenwein) wurde wie im Kamptal erst mit dem Jahrgang 2016 eingeführt.

Das Kremstal entwickelt sich überaus dynamisch. Die Zahl an biologischen und biodynamischen Weingütern ist stark gewachsen, und die Qualität der Weine ist hervorragend. Von Einzellagen wie zum Beispiel Pfaffenberg, Kögl, Gebling, Gottschelle, Moosburgerin oder Ehrenfels kommen ohnehin seit langen Jahren große, lagerfähige Weine von Riesling und Grünem Veltliner.

8 — Gespür für Balance
*Grüner Veltliner Ried Steinleithn Kremstal DAC ***

Oberfucha, am Göttweiger Berg liegend, könnte man als die Nase mitten im »dritten Gesicht« des Kremstals südlich der Donau (siehe Einleitung) beschreiben. Gleich beim Ortseingang liegt der Geyerhof der Familie Maier, ein wunderschön renoviertes Gehöft, in dem im Laufe seiner jahrhundertelangen Geschichte vieles, auch Ziegel, aber vor allem landwirtschaftliche Erzeugnisse produziert wurden, so auch Wein. Viel Löss, Schluff und Sandiges, findet man hier am Plateau. Der Unterbau ist variabel, je weiter nach Osten, desto mehr gibt es von dem Gestein aus den Kalkalpen. Ideal ist das Terrain für Veltliner, dem diese Bedingungen zu einer Art saftiger Geschmeidigkeit verhelfen, aber auch für Burgundersorten oder Riesling.

Veltliner Steinleithn ist anders. Der Weingarten, in dem er wächst, ist einer der kargsten Flecken hier, was dem Veltliner an sich nicht bekommt. Ein sehr magerer Oberboden ruht auf einem Unterbau aus kristallinem Gestein, das mit Quarz, Feldspat und Glimmer durchsetzt ist. Steinleithn könnte diese Gegebenheiten nicht schöner ausreizen zwischen dezenter Frucht, klassischer schwarzpfeffriger Würzigkeit und Präzision durch feine Säure und Mineralität.

Ilse Maier hat die Fackel mittlerweile an die nächste Generation weitergereicht, Maria und Josef Maier. Sie selbst begann 1988 nach einem Landwirtschaftsstudium mit biologischem Weinbau. Ein flächendeckender Bioboom war damals noch Wunschdenken, Umweltbewusste wurden als »Birkenstockler von der Strickerfraktion« belächelt. Schritt um Schritt und Jahr für Jahr erarbeitete sich Ilse die für sie passenden Methoden. Es habe nicht alles gleich gegriffen, erzählte die Bio-Pionierin einmal, aber mit der Zeit habe sich alles in einen perfekt funktionierenden Kreislauf eingefügt. Die heutige Balance feiner Kräfte ist mehr denn je nachzuvollziehen, vor allem in den Weinen, die dort seit Jahr und Tag ohne großes Getrommel, dafür mit umso mehr Verständnis für das Funktionieren dieses Stück Landes gemacht werden.

Geyerhof | Ortsstraße 1 | 3511 Furth-Oberfucha | Tel. +43/2739/2259 | www.geyerhof.at | weingut@geyerhof.at | siehe auch www.wildwux.at

9 Kontrollverlust
Kalkspitz Pet Nat **

Der Kalkspitz ist ein Pétillant naturel – »natürlich sprudelnd«. Der junge Christoph Hoch aus Hollenburg im südlichen Kremstal war einer der ersten österreichischen Winzer, die sich mit »Pet Nat« ernsthaft auseinandergesetzt haben. Alles begann mit einer Fassprobe vom Jahrgang 2012, welche ein Verkoster so kommentierte: »Dieser Wein hat so viel Säure, daraus kannst du nur Schaumwein machen.« Damit war dem ohnehin vor Ideen übersprudelnden Winzer der richtige Floh ins Ohr gesetzt.

Christoph arbeitet biodynamisch und im Keller nach dem Prinzip der »minimalen Eingriffe« – Spontangärung, keine Schönungen, möglichst wenig Schwefel. So entschied er sich beim Schaumwein für die alte, aus Frankreich stammende »Méthode ancestrale«, wobei man noch gärenden Most in Flaschen füllt. Was dabei herauskommt, nennt der experimentierfreudige Winzer gern »ein Überraschungsei« und erklärt die große Herausforderung: »Der Kalkspitz entzieht sich eigentlich jeglicher Kontrolle. Fingerspitzengefühl und Erfahrung sind notwendig. Für einen trockenen, durchgegorenen Pet Nat muss man den Zeitpunkt der Füllung richtig wählen. Füllt man den gärenden Most früh, mit mehr Restzucker, in die Flaschen, riskiert man, dass die Gärung zu stark ist und die Flaschen unter zu viel Druck explodieren. Füllt man später, mit niedrigerem Restzucker, riskiert man, dass die Gärung von den bereits geschwächten Hefen nicht vollständig zu Ende geführt wird und Restsüße übrig bleibt.«

Erst nach drei Jahren des Ausprobierens durfte der erste prickelnde »Kalkspitz« auf den Markt – mit Hefetrübung, ohne Schwefelzusatz, in konstanter Qualität und mit kaum Flaschenunterschieden. Christoph Hoch wurde zum Trendsetter. Sein biodynamischer und Demeter-zertifizierter Pet Nat aus Grünem Veltliner, Riesling und diversen anderen Rebsorten gewann rasch viele Fans, weil er einfach ungeheuer Spaß macht!

Christoph Hoch – Winzer aus Hollenburg | Schlosssteig 3 | 3506 Hollenburg | Tel.+43/660/6562567 | www.christoph-hoch.at | hollenburg@christoph-hoch.at

10   Herzensangelegenheit
Roter Veltliner Reisenthal Botega ***

Roter Veltliner ist weder eine Verwechslung noch eine rote Version des ubiquitären Grünen Veltliners, mit dem es keine genetische Verbindung gibt. Er ist eine seit gut 300 Jahren im östlichen Kremstal, am Wagram und im Weinviertel verbreitete Rebsorte, deren Beerenhäute bei voller Ausreifung eine rötliche Färbung annehmen. Eine Eigenheit, die übrigens auch Grauburgunder oder Zierfandler besitzen. Roter Veltliner mag Löss, Wärme und Trockenheit, die rötliche Färbung dient dabei auch als eine Art Sonnenschutz.

Derzeit gibt es etwa 200 Hektar, Tendenz stabil bis leicht steigend, was dem Generaltrend zu regionalen Sorten zuzuschreiben sein könnte. Am Mantlerhof trägt man seit drei Generationen wesentlich zum Erhalt und zur Pflege dieser spannenden Spezialität bei. Großvater Josef Mantler selektionierte in den 1970ern und 80ern Rote-Veltliner-Reben aus einem vorhandenen Gemischten Satz, um sie zu vermehren und sortenrein auszupflanzen, weil er die Sorte einfach mochte.

Vater Sepp führte die Rote-Veltliner-Tradition der Familie weiter, unter anderem mit dem Roten Veltliner »Hommage« zu Ehren seines Vaters. Mit seinem Winzerkollegen Hans Czerny betrieb er, dass die Sorte 2011 in die »Arche des Geschmacks« von Slow Food International aufgenommen wurde, die sich dem Erhalt der Sortenvielfalt und der Förderung der Biodiversität verschreibt.

Der Rote Veltliner Botega vergärt auf der Maische, was dem fülligen, extraktreichen Wein, bei dessen Aroma man an das schöne altmodische Wort »Südfrüchte« denken muss, eine griffige, zart hefige Note entgegenhält. Angesichts des generellen Zugangs zum Weinmachen in diesem Haus darf man davon ausgehen, dass auch Botega ein Langstreckenläufer sein wird. Botega ist althochdeutsch und bedeutet »Bottich«. Und übrigens, ja – alle ältesten männlichen Familienmitglieder heißen Josef, das auf Österreichisch zu Sepp verkürzt wird.

Mantlerhof | Brunn im Felde, Hauptstraße 50 | 3494 Gedersdorf |
Tel. +43/2735/8248 | www.mantlerhof.com | weingut@mantlerhof.com

11 Sauvignon auf leiwand
Sauvignon blanc ***

Aus dem Wienerischen stammt das Wort »leiwand«, ein Ausdruck für super, toll, großartig, cool. Und wenn im Hause Moser ein Sauvignon blanc gemacht wird – dann bitte auf leiwand! So hoffte Niki Moser, als er seiner Tochter Kathi jene 0,4 Hektar an Sauvignon-blanc-Reben überließ, die er eigentlich schon ausreißen wollte, weil er selbst den Sauvignon blanc nie so wirklich leiwand fand.

Nun, Kathis allererstes eigenes Weinprojekt – handwerklich verarbeitet, von der Lese bis zu den Etiketten, von denen jedes ein Unikat ist – gelang urleiwand (Steigerungsstufe von leiwand), sodass der stolze Vater heilfroh ist, die Reben nicht gerodet zu haben: »Von Kathis erstem Jahrgang 2016 gab es nur 400 Flaschen. Ab dem 2018er machen wir Sauvignon nur noch nach ihrer Idee.« Obwohl die Tochter erst seit Kurzem voll am Weingut mitarbeitet, treten die beiden bereits als urleiwand eingespieltes Team auf.

Seit Niki Moser das Weingut im Jahr 2000 übernahm, verfolgte er seine Ideen immer mit großem Elan und Beharrlichkeit. Er entwickelte das Weingut zum Vorzeigebetrieb in Sachen Biodynamie und ist einer der engagiertesten Demeter-Winzer in Österreich. Neben seinen Klassikern und den feinen Riedenweinen von Grüner Veltliner und Riesling ging er mit der Linie »Minimal« früher als andere einen Schritt in Richtung Naturwein. Unfiltriert, ohne jegliche Schönungen und mit extrem geringer bis gar keiner Schwefelung werden Grüner Veltliner Minimal und Zweigelt Minimal gefüllt. Auch die Linie »Fundamental« entstand aus dem Bestreben, Weine mit geringstmöglicher Beeinflussung zu vinifizieren.

Auf der Webseite des Weinguts prangt deshalb ein Warnhinweis: »Vorsicht! Diese Weine entsprechen kaum den Vorstellungen von Sortencharakter des unbedarften Weinkonsumenten, sondern sind eher für jene gedacht, die gern ihre Scheuklappen ablegen, um abseits des Mainstreams neue Geschmackserlebnisse zu entdecken.«

Weingut Sepp Moser | Untere Wiener Straße 1 | 3495 Rohrendorf | Tel. +43/2732/70531 | www.sepp-moser.at | office@sepp-moser.at

12 Eingedeutscht
Riesling Proidl spricht deutsch ***

Die Sache mit dem restsüßen Riesling solle man den Mosel-Winzern überlassen – die könnten das besser, bekennen österreichische Weinfreunde gar nicht selten. Damit haben sie recht, aber: Ausnahmen bestätigen die Regel. Und im Kremstal nördlich der Donau gibt es so einen Ausnahme-Winzer. Seine trockenen Rieslinge und Grünen Veltliner von den Senftenberger Steillagen zählen ohnehin zu den allerbesten in Österreich, doch einen Namen hat er sich auch mit restsüßen Spezialitäten gemacht.

Franz Proidl interessiert sich nicht für Trends. Er wollte mit seinen Weinen nie gefallen, sondern Weine machen, wie sie ihm selbst gefallen. In der Abteilung »Proidls süße Spezereien« warten demnach nicht nur herrliche Beerenauslesen und Trockenbeerenauslesen, sondern auch der fein balancierte Riesling »Proidl spricht deutsch«. Der Name ist Programm. Proidl spricht allerdings nicht in jedem Jahrgang deutsch, sondern nur »wenn es halt passt«. Denn sehr warme Jahrgänge wie 2017 und 2018 – mit weniger Säure und hohen Zuckergraden – eignen sich selbst im etwas kühleren Senftenberger Klima schlecht für die Herstellung von filigranen Rieslingen nach dem Vorbild der Mosel. Der Jahrgang 2016 spricht dafür hervorragend deutsch und bereitet mit 70 Gramm Restsüße und moderatem Alkoholgehalt ein leichtfüßig balanciertes Trinkvergnügen – feinfruchtig, feingliedrig und lang.

Franz Proidl, Weinbauer mit Leib und Seele, widmet sich mit Hingabe der Handarbeit in abenteuerlich steilen Terrassen-Weingärten, wie in der kargen und schwierigen Toplage Ehrenfels. Dass sein Sohn Patrick, die zehnte Generation, mittlerweile im Keller das Ruder übernommen hat, freut ihn sehr: »Er investiert viel Zeit und arbeitet viel genauer als ich.« Die gesamte Weinserie zeichnet sich durch erfrischende Eigenständigkeit aus. Man darf hoffen, dass die Proidls auch weiterhin der deutschen Sprache zugeneigt bleiben.

Weingut Proidl | Oberer Markt 5 | 3541 Senftenberg | Tel. +43/2719/24580 | www.proidl.com | weingut@proidl.com

13 Krems klassisch
Grüner Veltliner Ried Wachtberg Kremstal DAC **

Auf dem Undhof ist man von Weingeschichte »umzingelt«. Das Anwesen der Familie von Bert und Gertrud Salomon gehörte einem der zahlreichen Klöster der Gegend und wurde 1792 von Vorfahren der Familie mitsamt Weingärten erworben. Heute liegt es mitten im Stadtgebiet von Krems. Klöster waren jahrhundertelang *die* Kompetenzzentren für Wein, daher darf man davon ausgehen, dass die Güte der Weingärten dem Know-how der Mönche ebenbürtig war.

Bert Salomons Großvater und Vater waren Vorreiter in vielen Bereichen und bereits international ausgerichtet in Zeiten, als Nationalitäten mehr an Bedeutung gewannen, als ihnen guttat: Sie waren die ersten Flaschenfüller in den 1920ern, gegen Ende der 1930er Jahre exportierten sie in die USA. Und sie waren Verfechter eines trockenen Weinstils in den 1960ern und 70ern, als man die Sache mit dem Restzucker hierzulande noch recht locker sah.

Der Wachtberg, etwa 400 Meter hoch, teils terrassiert und süd-südöstlich ausgerichtet, liegt hinter der Altstadt von Krems. Er wurde vielfältigst genutzt, über Hunderte von Jahren auch als Weinberg. Dank des Rundblicks aus dieser Höhe sah man Feinde von Weitem und konnte warnen, daher der Name. Der Unterbau der Terrassen ist Gneis mit schieferigen Einschlüssen, darauf Löss-Schluff und durchaus kalkreich. Temperaturunterschiede sind ein Thema. All das ist wie gemacht für Grünen Veltliner, der auf eine gute Nährstoffversorgung Wert legt.

Der Wein Wachtberg, teils im großen Holzfass ausgebaut, beginnt zart, wird dann präzise bei mittelkräftigem Alkohol mit feingliedriger, nerviger Säure, die perfekt zu den Apfel- und Zitrusnoten passt. Schön ist der geschmeidige, für einen Löss-Veltliner sehr straffe Bau, prächtig ist er in seiner mineralischen Länge. Familie Salomon betreibt ein weiteres Weingut, Salomon Estate, südlich von Adelaide in Australien und eine Kooperation in Neuseeland.

Salomon Undhof | Undstraße 10 | 3500 Stein an der Donau | Tel. +43/83/2260 | www.salomonwines.com | office@salomonwines.com

14 Auf den Hund gekommen
Riesling Ried Steiner Hund ***

Urban Stagård hat ein Händchen für Riesling. Der ist nicht nur seine große Leidenschaft, sondern auch seine Hauptrebsorte. Dem Riesling entlockt der Biowinzer auf unterschiedlichen Kremstaler Lagen mit klingenden Namen – von Grillenparz, Steiner Kögl über Pfaffenberg und Gaisberg bis zum Steiner Hund – akribisch die feinsten Terroirunterschiede.

Die steile Riede »Steiner Hund« ist ein großer Klassiker. Sie befindet sich auf 300 Meter Seehöhe, und die Rieslingstöcke wachsen auf zehn nach Süden gerichteten Terrassen, im Untergrund liegt Konglomerat. Die Böden sind karg und die Bedingungen für die Reben hart, die Arbeit dort sehr mühsam – »a Hund«, wie es in der Mundart heißt. Doch darauf geht der Lagenname »Steiner Hund« nicht zurück. Der Hund war echt und musste sein Leben lassen, um eine Bauernfamilie vor dem Verhungern zu retten. Ein Winzer und Familienvater tauschte während einer schweren Hungersnot im Mittelalter diesen Hund, den ein Bauer noch versteckt gehalten hatte, gegen einen Weingarten. So lautet jedenfalls die Sage, und noch heute heißt dieser Weingarten »Hund«. Ein in Stein gemeißelter Brotlaib erinnert vor Ort an die schlechten Zeiten.

Den Lesehof im Kremser Stadtteil Stein gibt es seit 1424, und seit 1786 befindet er sich in den Händen von Urbans Familie. Als dieser 2006 in den Betrieb einstieg, war die Umstellung auf biologischen Anbau von Anfang an sein Ziel. Urban Stagård – der schwedische Name stammt von der väterlichen Linie – verfeinert seinen Weinstil mit jedem Jahrgang. Der Grüne Veltliner und der Riesling der Linie »Handwerk« sind glockenklar und ein höchst geschmackvolles Vergnügen. Beim Riesling Pfaffenberg arbeitet der Winzer mit zweiwöchiger Maischestandzeit: Der lange Maischekontakt soll die Baumpresse ersetzen und damit die historische Weinbereitung imitieren.

Weingut Urban & Dominique Stagård | Hintere Fahrstraße 3 | 3500 Krems | Tel. +43/660/1917066 | www.stagard.at | office@stagard.at

15 Aus Trauben, gut und rein
Grüner Veltliner Messwein **

Einfach »Messwein« aufs Etikett zu schreiben, weil ein Winzer glaubt, dass sich sein Wein gut in der Kirche mache, geht nicht. Laut Kodex des kanonischen Rechtes, Canones 924, muss der Wein »natürlich, von der Frucht des Weinstockes sein und unverdorben«. Angesichts der zahllosen Fälschungen in der Historie legte die katholische Kirche schon im 15. Jahrhundert fest, wie Messwein zu sein hat, was Jahrhunderte überdauerte.

Im deutschen Sprachraum ist er jedenfalls kein schnöder Tafelwein, sondern Qualitätswein mit amtlicher Prüfnummer. Er darf weder entsäuert noch aufgebessert sein und soll zwölf Prozent Alkohol haben, Jahrgangsschwankungen werden toleriert. Dass er hierzulande weiß ausfällt, ist Tradition, jedoch nicht vorgeschrieben. Weißwein als Messwein wurde erst 1478 gestattet, weil so die Zahl der Blutwunder gesenkt wurde, die seltener durch Mirakel als durch Umfallen von Weingefäßen zustande gekommen sein sollen.

Messwein muss bis heute approbiert werden: Der Winzer verpflichtet sich in der Ordinariatskanzlei der jeweiligen Diözese per Eid, diesen »naturreinen Wein aus Weintrauben« zu erzeugen, was aber vergleichsweise informell durch Unterschreiben und Senden eines Papiers geschieht. Wahllos vergeben wird die Ehre der Messweinerzeugung nicht, »Kirchenbindung und ein guter Name sollten da sein«, meinte man dazu in der Diözese St. Pölten.

Stift Göttweig erzeugt einen hervorragenden Messwein aus Grünem Veltliner, dessen Trauben aus Junganlagen kommen. Im Stahltank vergoren und gelagert, mit spritziger Säure und ganz zartem Restzucker erfrischt er mit duftigen Veltliner-Aromen nach frischen roten Äpfeln und animierender heller Körnerwürze wie Koriander. Doch auch Geschmäcker ändern sich. Stift Göttweig füllte früher griechischen Samos als Messwein, dickflüssig und süß aus Muskat-Trauben, denn auch eine halb volle Flasche war haltbar. Und wer trank in der Frühmesse schon gern sauren Wein?

Stift Göttweig | Göttweig 1 | 3511 Furth | Tel. +43/2732/801440 | www.weingutstiftgoettweig.at | office@weingutstiftgoettweig.at

16 In Feierlaune
Fräulein Müller macht Party **

Müller-Thurgau galt einst als »erfolgreichste Neuzüchtung der Welt«. Vom Schweizer Rebforscher Hermann Müller aus dem Thurgau 1882 gekreuzt, trat die Sorte ab 1950 ihren Siegeszug an und fand in fast allen Weinbauländern mit kühlerem Klima Verbreitung, in besonderem Maß in Deutschland und Österreich. Süffige, säurearme Trinkweine waren beliebt, und die Erwartungen an eine Rebsorte sahen damals anders aus als heute: Kräftiger Wuchs, hohe Erträge und frühe Reife waren gefragt. Später jedoch, mit dem Trend zur Qualität, fiel die Kreuzung von Riesling und Madeleine Royal rasch in Ungnade. In Österreich schrumpfte ihre Fläche von knapp 3.300 Hektar im Jahr 1999 auf 1.770 Hektar in 2015, und sie sinkt weiter. Frühreifende Sorten braucht es im warmen Klima nicht mehr – späte Reife und einen guten Säuregehalt wünschen sich die Winzer von heute.

Dabei besitzt Müller-Thurgau das Potenzial, auch anderes als ausdruckslose Massenware hervorzubringen. Die Weine von Alexander Zöller sind der beste Beweis. Der studierte Landwirt und Weinbau-Quereinsteiger aus Salzburg hat sich der ungeliebten Sorte angenommen und keltert in seinem kleinen Weingut im Kremstal erstaunlich geschmackvolle Weine von alten Müller-Reben. Der Biowinzer räumt ein: »Müller-Thurgau bestellt vielleicht niemand freiwillig in einem Lokal, aber mir macht er total Spaß, und ich glaube an ihn!«

Die Einstiegsqualität »Fräulein Müller macht Party« wirkt leichtfüßig und unkompliziert, aber keineswegs langweilig, eher ein bisschen ungestüm und wild. Im Stahltank, aber mit ein paar Tagen Maischekontakt vinifiziert, sorgt das unfiltrierte Fräulein Müller für Stimmung und ist ein gern gesehener Partygast. Wer seinen Müller-Thurgau eine Spur ruhiger und gelassener genießen möchte, probiert es am besten mit »Frau Müller grillt« – auch sie beweist hervorragenden Geschmack und lässt sich nicht nur mit Gegrilltem ein.

Weingut Alexander Zöller | Hauptstraße 58 | 3552 Dross |
Tel. +43/650/5552539 | www.weingutzoeller.at | office@weingutzoeller.at

Niederösterreich

Kamptal

Ein kalter Fluss durchfließt das Kamptal von Nord nach Süd. Der selbst im Hochsommer erfrischende Kamp ist Namensgeber für das mit über 3.800 Hektar zweitgrößte österreichische Weinbaugebiet. In seinem Zentrum liegt die Weinstadt Langenlois.

Kühle Winde aus dem Waldviertel und nächtliche Abkühlung nach heißen Sommertagen machen das Kamptal zu einem Cool-Climate-Gebiet und verleihen sowohl dem Grünen Veltliner als auch dem Riesling ihre besondere Pikanz und ein intensives Aromenspiel. Für beide Sorten gilt die Herkunft Kamptal DAC. In der Geologie reicht das Spektrum von Löss und Lehm über Schotterlagen bis zu kristallinen Ausgangsgesteinen. Einzigartig ist der rote Perm-Sandstein am Heiligenstein, auf dessen Terrassen große Rieslinge gedeihen.

Das Kamptal steht für Tradition und dynamische Entwicklung zugleich. Starke Präsenz zeigt hier der Verein der Österreichischen Traditionsweingüter (ÖTW), der seit Jahrzehnten unermüdlich für ein Appellationssystem und eine Lagenklassifikation im Donauraum arbeitet. Erst seit wenigen Jahren ist eine dreistufige Herkunftspyramide gesetzlich verankert, welche die Weine ab dem Jahrgang 2016 in die Kategorien Gebietswein, Ortswein und Riedenwein einteilt. Auch der Trend zum biologischen und zum biodynamischen Weinbau ist im Kamptal stark.

17 __ Kalt, warm

Grüner Veltliner Ried Käferberg
Kamptal DAC Reserve ****

Die Riede Käferberg liegt auf dem Hügel hinter Langenlois. Der Ausblick in Richtung Osten und Südosten ist gewaltig, ebenso wie die riesige Eisenkugel-Skulptur »ohne Titel 2005« des österreichischen Künstlers Heimo Zobernig, die hier mitten in der Weingartenlandschaft aufgestellt wurde. Die Riede liegt auf knapp über 300 Meter Seehöhe, ist windgeschützt und warm. Die Böden bieten vieles auf, das weintauglich ist: Tonige, kalkreiche Meeresablagerungen liegen auf Sand und teils kristallinen Gesteinen wie Amphibolit, Gneis und Glimmerschiefer, die sich wieder mit Sand und Kies abwechseln. Ein wilder Mix also, warm und durch einen Luftstrom gekühlt zugleich. Der Veltliner, der hier aus alten Anlagen kommt, reift langsam und lang, was der Struktur jeglichen Weines guttut. Willi Bründlmayer vergleicht den Boden mit jenem von Château Pétrus, wegen seiner Fähigkeit, dichte Weine zu ermöglichen, und beschreibt ihn als »Stundenboden«: Das Zeitfenster, in dem man ihn gut bearbeiten könne, sei klein. Ist er zu trocken, dringt man mit keiner Gerätschaft in den Boden, ist er zu feucht, wird er rutschig. Ausgebaut wird in zwei- bis dreijährigen 300-Liter-Holzfässern, aus denen der Wein dann ins gebrauchte 2.500-Liter-Gebinde umgezogen wird.

Diese vielfältigen Einflüsse hier holen viele Facetten aus dem Veltliner Käferberg heraus. Er ist sehnig und kompakt, gleichzeitig sehr elegant mit feinen Aromen nach süßen gelben Früchten, einer weichen Saftigkeit wie Orangen, bei einem festen Unterbau aus heller Körnerwürze. Intensiv mineralisch klingt er sehr lange nach.

Die Familie Bründlmayer macht seit Generationen Weine auf höchstem Qualitätsniveau, Veltliner, Rieslinge, Burgundersorten, inklusive St. Laurent und Pinot noir, Sekt nicht zu vergessen. Bei Veltlinern dieser Liga geht es vor allem darum, ob man mit dem Stil kann. Yes, we can!

Weingut Bründlmayer | Zwettler Straße 23 | 3550 Langenlois |
Tel. +43/2734/21720 | www.bruendlmayer.at | weingut@bruendlmayer.at

18 Kühler Klassiker

Grüner Veltliner Ried Strasser Hasel Kamptal DAC *

Österreich braucht mehr Winzerinnen, zum Beispiel solche wie Birgit Eichinger, die ganz unaufgeregt köstliche Weine keltert. Im Cool-Climate des Kamptals zeigt sie vor, wie man mit Fingerspitzengefühl Sortentypizität und Lagenunterschiede schmeckbar macht. Die Haus- und Hofsorte Grüner Veltliner nimmt im Gebiet die Hälfte aller Rebflächen ein, bei Birgit Eichinger beträgt ihr Anteil sogar 70 Prozent.

Seit der Gründung des Weinguts in Strass im Strassertal im Jahr 1992 verfolgt Birgit konsequent ihren Weg. Die Vorzeige-Winzerin, die auf leisen Sohlen, mit Beständigkeit und viel Herzblut arbeitet, darf als eine der sympathischsten Figuren im österreichischen Weinzirkus gelten. Als langjähriges Mitglied im Verein der Österreichischen Traditionsweingüter (ÖTW) wirkt sie aktiv bei der Lagenklassifikation im Kamptal mit.

Die Ried Strasser Hasel ist zwar keine »Erste Lage« im Sinn der ÖTW, doch bringt sie Grünen Veltliner als feinen, eleganten Klassiker hervor, der Sorten- und Herkunftscharakter im Geschmack trägt. Tiefgründiger Lössboden versorgt die Reben mit Nährstoffen und Wasser; auch die Haselstaude liebt solche Standorte, und ihr häufiges Auftreten gab der Riede ihren Namen. Angenehm schlank, präzise und feingliedrig zeigt sich der Veltliner Hasel am Gaumen, und auffallend ist die wunderbare Würze, die an Lorbeerblatt und herbe Gewürze erinnert. Der Wein bleibt unaufdringlich im Spiel mit Duftigkeit und feiner Frucht – ganz viel Veltliner für wenig Geld.

Birgits kraftvolle und anspruchsvolle Lagenweine von den renommierten Rieden Lamm, Gaisberg und Heiligenstein halten ihren schönen Trinkfluss durch den mineralisch-saftigen Zug. Seit ein paar Jahren wird die Winzerin von ihrer Tochter Gloria tatkräftig unterstützt. Als dynamisches Mutter-Tochter-Gespann sind die beiden eine höchst willkommene Abwechslung in der männerdominierten Weinwelt.

Weingut Birgit Eichinger | Langenloiser Straße 365 | 3491 Straß |
Tel. +43/2735/5648 | www.weingut-eichinger.at | office@weingut-eichinger.at

19 Turn up the Volume
Pet Nat Vol. 3 **

Ein Kamptaler Quartett eilte dem österreichischen Pet-Nat-Hype voraus – oder legte zumindest einen Grundstein dazu. Zwei Winzerpaare, Stefanie und Alwin Jurtschitsch sowie Anna und Martin Arndorfer, stellten bereits mit dem Jahrgang 2014 die erste Kollektion ihres gemeinsamen Projekts »Fuchs und Hase« vor.

Inzwischen erfreut sich die älteste – und auch einfachste – Art der Schaumweinherstellung, bei welcher gärender Most direkt in Flaschen gefüllt wird, steigender Beliebtheit. Während manche Winzer beim Pet Nat (Pétillant naturel) noch die Experimentierphase nach dem Motto »Schauen wir mal, was herauskommt« absolvieren, stecken hinter der Marke »Fuchs und Hase« ein wohlüberlegtes Konzept und viel Tüftelei. Jurtschitsch und Arndorfer zählen nicht umsonst zu den erfolgreichsten Kamptaler Weingütern.

Die »Fuchs und Hase«-Kollektion besteht aus mehreren »Volumes«, die sich in der Zusammenstellung der Rebsorten, der Dauer des Maischekontakts oder auch beim Pressdruck unterscheiden. Mit zunehmendem »Volume« steigen Intensität und Komplexität. So entsteht eine kleine Serie an Pet Nats, die sowohl Einsteiger als auch Fortgeschrittene erfreut. Die gesamte Kollektion kommt ohne Schwefelzusatz in den Verkauf. Um Hefetrübung und Druck in der Flasche unter Kontrolle zu halten, werden die Weine degorgiert.

Als »ungetrübte Einstiegsdroge«, die auch mit Gerbstoffen nicht irritiert, gilt »Vol. 1« aus Müller-Thurgau, Grünem Veltliner und Sauvignon blanc. Intensiveren Geschmack verspricht »Vol. 2«, eine fruchtige Kombination aus Grünem Veltliner und Gelbem Muskateller. Mit Saftigkeit, Frische und anregendem Grip überzeugt »Vol. 3« – Riesling und Welschriesling gärten gemeinsam auf der Maische an und blieben zwölf Tage mit den Schalen in Kontakt. Für Liebhaber alternativer Weinstile empfehlen sich besonders »Vol. 4« und die Pet Nat Reserve mit einer schönen Ladung Tannin.

Weingut Fuchs und Hase | Rudolfstraße 39 | 3550 Langenlois | Tel. +43/2734/21160 | www.petnat.at | info@petnat.at

20 Nimbus einer Lage
Riesling Ried Heiligenstein Kamptal DAC ***

Prototypisch für die Herkunft ist der Heiligenstein Riesling von Hannes Hirsch aus Kammern. Ein feinst ziselierter Wein mit vielen subtilen, verspielten Elementen, die den Wein extrakomplex machen bei klarer, insgesamt unkitschiger Riesling-Aromatik. Wenn man's aushält, sollte man dem Wein Zeit im Glas lassen, um alle Facetten freudvollst genießen zu können.

Die einzigartigen Gegebenheiten am Heiligenstein stammen aus dem Perm-Zeitalter – Sedimente aus feldspatreichem rotbraunem Sandstein und groben Konglomeraten, abgelagert durch Seen und periodisch aktive Flüsse bei Wüstenklima. Sein Name soll von »Höllenstein« oder vom mittelhochdeutschen »hel, helle« für »glänzend, licht« hergeleitet sein. Gesichert ist, dass er sich stark erwärmt, ungewöhnlich für eine Top-Rieslingadresse.

Hannes Hirsch mit seiner Feinfühligkeit bringt all das mittels seiner Weine zum Singen. Er gehört zur respekt-biodyn-Gruppierung, was einiges über seine Einstellung aussagt. Sein Fokus liegt auf Riesling und Grünem Veltliner, seine Arbeitsweise läuft unter »minimal intervention« bei maximaler Anstrengung im Weingarten. Sollte beim Probieren die Zeit für die gesamte Serie fehlen, dann picke man sich die »Hirschin« heraus, den Wein für seine Frau Sandra, die den deutschen restsüßen Riesling-Stil liebt. »Hirschvergnügen« wiederum bedient jene, die so früh wie möglich in einem Jahrgang Hirschweine genießen möchten. Darin findet sich alles, was nicht lagenweinwürdig oder erst Anwärter auf höchste Hirschweihen ist.

In dem ganzen Singsang von perfekter Riesling-Lage und Ausnahmewein stechen auch die niedrigen Alkoholgrade ins Auge. Das ist Hannes Hirsch' Hausstil geschuldet, der sich immer recht wenig um Dinge wie Alkoholgradation und Restzucker gepfiffen hat. Das bei vielen anderen noch immer verinnerlichte Postulat der Trockenheit ficht Hannes Hirsch nicht an. »Wos wiegt's, des hot's«, heißt das auf Österreichisch.

Weingut Hirsch | Hauptstraße 76 | 3493 Kammern | Tel. +43/2735/2460 | www.weingut-hirsch.at | info@weingut-hirsch.at

21 Veltliner als Abenteuer
Grüner Veltliner Belle Naturelle **

»Entdeckungen aus Langenlois« ist die spannende Seite der umfangreichen Jurtschitsch-Homepage. Hier erzählen Stefanie und Alwin J. von ihren »besonderen Wein-Projekten« und viel darüber, wie diese Ideen zustande kamen und wie sie es anlegten, sie umzusetzen.

Vieles davon passiert mit Grünem Veltliner, was darauf hinweist, dass sie sehr viel davon unter unterschiedlichsten Bedingungen haben. Und es spricht auch für die Flexibilität einer Rebe, die die Fähigkeit hat, sich über mehr als herkömmliches Runtervinifizieren auszudrücken – 50 ways to use Grünen Veltliner, um es mit Paul Simon auszudrücken (und auch Riesling, ein bisschen).

Belle Naturelle ist eines dieser Experimente. Am Anfang stand die Idee »Naturwein für alle«. Mit der Einschränkung, dass vielleicht das Verständnis um Handling und Ausführung der Idee mit dem Ausmaß der Ambition nicht immer – oder auch noch nicht – mithalten konnte. Heute passt es perfekt. Die Trauben für Belle Naturelle kommen aus allen möglichen Weingärten rund um Langenlois, werden gerebelt in 4.000- bis 6.000-Liter-Holzgärständern mit den Schalen spontan vergoren. Der Wein, der frei abfließt, wird abgezogen und reift in großen, gebrauchten Holzfässern. Die Schalen werden separat abgepresst und ausgebaut. Nach einem halben Jahr auf der Hefe wird sedimentiert, rückverschnitten und ungefiltert mit einem Hauch Schwefel auf die Flasche gefüllt.

Insbesondere für einen Ausbaustil wie diesen müssen die Trauben perfekt und gesund sein. Für jedes einzelne der Projekte, ob Sekt oder Amphorenausbau und so weiter, braucht es spezielles, ideales Traubenmaterial. Für Alwin bedeutet dies in erster Linie, »als Weinmacher zurückzusteigen und dafür ein guter Bauer zu werden«.

Die Schönheit von einem Orange Wein schmeckt hefig-salzig mit etwas Süßem wie Trockenfrüchte, ungewöhnlich, höchst lebendig und voller Spannung – probieren Sie lieber selbst. Belle Naturelle erlangte übrigens Serienreife.

Weingut Sonnhof Jurtschitsch | Rudolfstraße 39 | 3550 Langenlois |
Tel. +43/2734/21160 | www.jurtschitsch.com | weingut@jurtschitsch.com

KAMPTAL | FRED LOIMER

22 — Vor Ideen sprudeln
Blanc de Blancs Langenlois Große Reserve brut nature ****

Wollen wir Wein versekten, räsonierte Fred Loimer über die Idee eines Kamptaler Sektstils, oder geht es um Leichtes und zart Perlendes im feinen Spiel? »Die handwerklichen Dinge, die die Champagne über die Jahrhunderte entwickelt hat, um Sprudel zu verfeinern, lassen sich nicht wegdiskutieren. Und die sind im Kamptal wiederzufinden.«

Hochwertiger Sekt ist im Kamptal absolut möglich, neben weltmeisterlichen Weißweinen und einigen ernsthaften Roten, die sich auch nicht verstecken müssen. Willi Bründlmayer schuf Anfang der 1990er das Role Model eines österreichischen Sekts in Champagnerart, auch Karl Steininger war unter den Ersten, allerdings mit der Grundidee, Rebsortensekte zu machen.

Fred Loimer, als Winzer in allen Wein-Klassen zu Hause, ist bekennender Champagnerliebhaber. Zwischen 1991 und 1998 habe er bereits Sekt gemacht, erzählt er. »Vor etwa zehn Jahren begannen wir wieder darüber nachzudenken.« Mit dem »auch für Sekt großartigen Jahr 2013« war es dann so weit. Und im Herbst 2015 präsentierte er die ersten beiden seiner mittlerweile drei Sekt-Versionen.

Durch Pacht und Zukauf sei plötzlich sehr viel Zweigelt und Pinot noir da gewesen, für die sich Rosé-Sekt eigentlich aufdrängte. Dass es gleich zwei wurden, Extra brut in Weiß und Brut Rosé, lag an den Grundweinen – spontan im Stahltank vergoren inklusive Feinhefe-Berührung für ein halbes Jahr –, die für beide Farben höchst tauglich waren.

Den größten Coup landete er jedoch mit »Langenlois« Blanc de Blancs aus Chardonnay, etwas Weißburgunder und ganz wenig Grauburgunder. Nach der Flaschenvergärung blieb er 48 Monate in Kontakt mit der Hefe. Er hat drei Gramm pro Liter natürlichen Restzucker, was zu einer hinreißenden cremigen Salzigkeit im Glas führt, elegante Grapefruitnoten unterstreichen den hocheleganten Purismus. »Gumpoldskirchen« Blanc de Noirs ist im Landeanflug. ●

Fred Loimer | Haindorfer Vögerlweg 23 | 3550 Langenlois |
Tel. +43/2734/2239 | www.loimer.at | weingut@loimer.at

LOIMER

JAHRGANG
2013

23 Pre-industrial
Riesling Tradition ***

Auf unvorstellbare 850 Jahre Geschichte kann das von Zisterziensermönchen gegründete Weingut Schloss Gobelsburg zurückblicken. Michael Moosbrugger übernahm dessen Leitung vor gut zwei Jahrzehnten. Die spannendste Zeit der historischen Weinbereitung verortet der Hobby-Historiker vor zwei Jahrhunderten: »Die erste Hälfte des 19. Jahrhunderts halte ich für besonders interessant, weil die industrielle Revolution noch bevorstand und gleichzeitig so viel empirisches Wissen zum Weinmachen vorhanden war.«

Während in der Barockzeit das Aromatisieren der Weine mit Kräutern und Gewürzen gang und gäbe war, fand die Romantik nach dem Motto »Zurück zur Natur« tatsächlich wieder zu »naturbelassenen« Weinen. Für die damaligen Kellermeister war der Faktor Zeit wesentlich. Die verschiedenen Entwicklungsphasen eines Weines wurden durch Umziehen in ein anderes Fass eingeleitet. Diese »Schulung des Weines« dauerte zwei bis sechs Jahre. Das wiederholte Umziehen von Fass zu Fass führte dem Wein Sauerstoff zu, was im Kontrast zur »modernen« Vinifikation steht, die Sauerstoffeinfluss unterbindet, um primäre Fruchtnoten zu erzielen. Vor 200 Jahren lag der Fokus offensichtlich auf Balance und Textur.

Die Gobelsburger Linie »Tradition« – ein Grüner Veltliner und ein Riesling – bezieht sich auf diese historische Weinbereitung. Dem Zugang im 19. Jahrhundert nachempfunden, werden die Trauben mit einer Korbpresse gekeltert. Der Most kommt ohne vorheriges Absetzen in ein 2.500-Liter-Fass aus Manhartsberger Eiche, wo er ohne Kühlung spontan vergärt. Regelmäßiges Umziehen alle drei bis fünf Monate lässt den Wein »atmen« und trennt ihn von der Hefe und den Sedimenten. So dauert es mindestens zwei Jahre bis zur Abfüllung. Der Riesling »Tradition«, nun im 15. Jahrgang, verkörpert einen feinen, vielschichtigen Riesling-Stil, dessen Struktur, Saftigkeit und Eleganz eine tiefe Ruhe ausstrahlen.

Weingut Schloss Gobelsburg | Schlossstraße 16 | 3550 Gobelsburg | Tel. +43/2734/2422 | www.gobelsburg.at | schloss@gobelsburg.at

24 Etsdorf goes natural
Grüner Veltliner Espere **

Praktika in Südafrika absolvieren viele österreichische Jungwinzer. Die Erfahrungen und die Ideen, die sie von der südlichen Hemisphäre mit nach Hause bringen, sind je nach Praktikumsplatz unterschiedlich. Für Matthias Warnung stellte es sich als Glücksfall heraus, dass er bei Lammershoek in Swartland anheuerte, als gerade Craig Hawkins die Verantwortung im Keller übernahm. Seine Naturweine unter dem Label Testalonga genießen heute Kultstatus, und Craigs Herangehensweise bei der Vinifikation – den Weinen weniger Schwefel, dafür mehr Zeit zu geben – hinterließ einen bleibenden Eindruck beim jungen, talentierten Winzer aus dem Kamptal.

Mit neuer Motivation kehrte er in die Heimat zurück und pachtete zwei Hektar alte, etwas verwilderte Weingärten in Etsdorf. Von eben diesen Weingärten stammt der Grüne Veltliner »Espere«. Den Namen leitete Matthias ab von »Espersdorf« – so wurde Etsdorf im Mittelalter genannt. Auf diese Weise kann er zumindest einen versteckten Hinweis auf die Herkunft des Weines geben – mehr Deutlichkeit ist derzeit nicht möglich, was den Winzer ein wenig wurmt: »Der Qualitätsgedanke steht für mich ganz und gar im Fokus, daher würde ich gern die Herkunft auf das Etikett schreiben. Doch das Weingesetz erlaubt es nicht, da mein Weinstil bei offiziellen Prüfverkostungen aneckt und die Weine nicht als ›Österreichischer Qualitätswein‹ anerkannt werden.«

Bedauerlich, denn hier fängt ein junger Winzer das kühle Terroir des Kamptals auf seine ganz eigene authentische Weise ein – mit erfrischend straffen, puristischen und trinkanregenden Naturweinen. Von der Linie »Espere« gibt es auch einen Rosé und einen Zweigelt. Alle drei Weine werden gut zwei Jahre in gebrauchten Fässern auf der Vollhefe gelagert und unfiltriert abgefüllt.

»J'espère«, sinniert Matthias, »dass sich das Weingesetz oder das Vorgehen bei der Amtlichen Verkostung vielleicht doch irgendwann ändern ...«

Weingut Matthias Warnung | Kampgasse 9 | 3492 Etsdorf |
Tel. +43/2735/2429 | warnung.matthias@gmx.at

Niederösterreich

Wagram und Traisental

Der Wagram, ein recht homogenes, von gewaltigen Lössterrassen geprägtes Weinbaugebiet, erwachte vor einigen Jahren aus seinem Dornröschenschlaf. Die engagierten Wagramer Winzer stehen für feine Weine mit reichlich Fülle und eigenständigem Profil, nur weintouristisch hat die recht ruhige Gegend noch ein wenig aufzuholen.

Der eigentliche Wagram ist eine Geländestufe nördlich der Donau, die sich ab Krems gut 25 Kilometer nach Osten zieht. Im Untergrund findet man Meeresablagerungen und Flussschotter, die oft von einer meterdicken Lössschicht verhüllt sind. Auf 2.450 Hektar sind die Reben gut nährstoffversorgt, und es regiert unangefochten Grüner Veltliner – meist dicht und schmelzig, aber doch animierend. Eine spannende Spezialität und ein Aushängeschild ist die alte Weißweinsorte Roter Veltliner, die in den vergangenen Jahren eine kleine Renaissance erlebte.

Das kleine Traisental liegt südlich der Donau und besitzt nur 790 Hektar Weingärten auf sanften Hügeln. Die 2006 eingeführte Herkunftsbezeichnung »Traisental DAC« gilt nicht nur für Grünen Veltliner, sondern – genau wie im Kamptal und im Kremstal – auch für Riesling.

Im Traisental wurzeln die Reben in Schotter- und Lössböden, die auf einem Kalksteinsockel aufliegen. Die Grünen Veltliner und Rieslinge vom Konglomerat überraschen immer wieder durch einen schwebenden Charakter und den klaren, finessenreichen Stil. Das Traisental ist in Bewegung, und seine Winzer erfreuen mit immer spannenderen Weinen.

25 — Perlen vom Löss

Grüner Veltliner Sekt Brut **

Der Veltliner ist ein typischer Österreicher – er mag einen reich gedeckten Tisch. So fühlen sich die Veltliner-Reben am Wagram besonders wohl, denn an Nährstoffen mangelt es den tiefgründigen Lössböden sicherlich nicht. Die Wagramer Veltliner gelten gemeinhin als »gelbfruchtig, substanzreich und schmelzig«. Das klingt nun eigentlich nicht nach perfekten Voraussetzungen für die Sektherstellung, denn für einen Sektgrundwein sind eine hohe Säure und ein geringer Alkoholgehalt erwünscht. Aber der junge Biowinzer Martin Diwald arbeitet unkonventionell genug, um einen feinen, ernsthaften Veltliner-Sekt vom Wagram zu erzeugen, und fügt so der vielseitigen Leitsorte des Gebietes eine anregende Facette hinzu.

Martins Eltern, Hans und Paula Diwald, haben sich schon 1980 für den biologischen Weinbau entschieden – eine wahre Pionierleistung, denn zu jener Zeit nahmen so eine Idee nur die wenigsten ernst. Doch der Mut und das Engagement der Eltern zahlten sich aus. Der Sohn trat nicht nur begeistert in ihre Fußstapfen, sondern hat auch die Weinstilistik im Sinn von Eigenständigkeit und Löss-Charakter weiterentwickelt. Die Trauben für Martins Veltliner-Sekt stammen von kühleren Lagen, werden daher relativ spät geerntet, haben aber viel Geschmack. Nach traditioneller Flaschengärung bereitet, lagert der Sekt für mindestens 18 Monate auf der Hefe. Die am Ende zur Feinabstimmung hinzugefügte Dosage beschränkt sich auf wenige Gramm Süße, und so bleibt der Sekt anregend trocken, erfrischend und weinig, gleichzeitig zeigen die feine Balance, die Cremigkeit und die typische Veltliner-Frucht hervorragend die Wagramer Gebietstypizität.

Als besondere Highlights sind auch Martins Lagen-Rieslinge Eisenhut und Goldberg sowie die maischevergorenen Weine namens »Zündstoff« zu empfehlen. Der junge Winzer sagt zufrieden: »Mir ist bewusst, dass ich nicht massentauglich bin – und ich sehe das positiv.«

Bioweingut Diwald | Hauptstraße 35 | 3471 Großriedenthal | Tel. +43/2279/7225 | www.weingut-diwald.at | office@weingut-diwald.at

26 Wagram, ganz zart
Pinot noir Exlberg **

Dem Wagram sagt man aufgrund seiner beeindruckenden Lössdecke nach, mächtige Weine hervorzubringen, was mit Pinot noir nicht ideal zusammenzupassen scheint. Richtig einerseits, doch gibt es auch den anderen Zugang zu dieser Wagram-Mächtigkeit: »Man kann Lössweine zu einem Zirkuspferd aufputzen, muss es aber nicht«, drückte es Karl Fritschs gleich gesinnter Freund und Winzerkollege Bernhard Ott einmal aus.

Fritsch mag Pinots zart und fein, Pinot möge »mit tänzelnder Transparenz daherkommen«. Wieso man hierzulande Pinot noir nicht »pinot-ig« sein lässt, wie er es verdient, ist schwer zu ergründen. Viel zu häufig erkennt man »Ösi-Pinots« bereits an der deutlich dunkleren Farbe und am an Überreife kratzenden Weinstil. Auch das hiesige Weinpublikum neigt beim Verkosten zu plumpen Vorurteilen bei heller Rotweinfarbe: »Den brauchst net probieren, da kann man durchschauen.«

Die immer und ewig gestellte Klonenfrage interessiert Fritsch nicht, es sei besser, Pinot in all seiner Unterschiedlichkeit zu setzen, geleitet von der Grundidee »klein- und lockerbeerig«. Sein Vater pflanzte einen Pinot-noir-Weingarten in den 1980ern, den Karl immer noch für sein Rebmaterial nutzt. Der Lesezeitpunkt bei physiologischer Reife, aber nicht ausgereizten Zuckergraden sei wichtig für die Lebendigkeit und Feinheit. Verarbeitet wird mit der geringstmöglichen mechanischen Belastung.

Mit dem Pinot noir Exlberg zeigt Fritsch, wie fruchtgetragen und zart Pinot noir – zumal vom Wagram – sein kann, bei konstanten 12,5 Prozent Alkohol. Exlberg ist ein Lössplateau mit hohem Kalkgehalt und einer markanten Humus-Auflage. Wer es kompakter mag, kann zu Fritschs Pinot »P« greifen, für den er Best-of-Pinot-Trauben auswählt. Allerdings ist Exlberg an Eleganz und fein austarierter Balance kaum zu überbieten. Zart ankühlen vor dem Servieren ist sicher kein Fehler.

Karl Fritsch | Schlossbergstraße 9 | 3470 Oberstockstall | Tel. +43/2279/5037 | www.fritsch.cc | info@fritsch.cc

27 Rot und doch nicht rot
Roter Veltliner Ried Mordthal **

Roter-Veltliner-Zentrale ist der Wagram. Der hier dominierende Löss bietet der Rebsorte das ideale Habitat. Ein Glas Wagramer Wein vor 100 oder 120 Jahren, als Österreich noch in Herkünften dachte, war Roter Veltliner.

Da die Sorte steinalt ist, gibt es auch eine weitverzweigte Verwandtschaft, zu der beispielsweise Neuburger, Frühroter Veltliner oder Zierfandler und Rotgipfler gehören, die Spezialitäten der Thermenregion. Dass deren Urahn fast verschwunden war, liegt an seiner Anfälligkeit für so gut wie alles: krankheitsanfällig generell, für Botrytis speziell, empfindlich bei Frost, verrieselt leicht bei schwierigem Blütewetter, was auch große Schwankungen im Ertrag mit sich bringt. So erlitt Roter Veltliner das Schicksal vieler Rebsorten, die nicht zur Mechanisierung der Landwirtschaft des 20. Jahrhunderts passten, und wurde durch Pflegeleichteres ersetzt (wie Grünen Veltliner). Unerschrockene müssen hier also ran, und Josef Fritz mag die Sorte. Knapp ein Drittel seiner 15 Hektar sind mit Rotem Veltliner bestockt, den er in unterschiedlichen Qualitätsstufen ausbaut.

Der düstere Name Mordthal bezieht sich übrigens darauf, dass in dem Tal einst Mammuts gejagt wurden, wie aus Funden von Knochen und Steinwerkzeugen geschlossen wurde. Der Boden ist aus Löss, der auf Sand und Kies mit etwas kristallinem Gestein lagert, die ein Urarm der Donau mitgebracht haben dürfte.

Mordthal ist kein Leichtwein, so etwas würde der Sorte nicht stehen, die recht unabhängig vom Alkoholgrad einfach gern Schultern zeigt (siehe Nr. 10). Der Wein ist lang, hat eine knackige mineralische Stringenz bei saftiger Frucht wie Steinobst. Man denkt an Marillenknödel mit Kern, der einen feinen Marzipanton hat, gewälzt in Bröseln, denen man geriebene Mandeln untergemischt hat. Vor Kurzem ist Josef Fritz auch unter die Gastronomen gegangen. Das passt gut zusammen!

Josef Fritz | Ortsstraße 3 | 3701 Zaußenberg am Wagram | Tel. +43/2278/25150 | www.weingut-fritz.at | office@weingut-fritz.at | Restaurant: Josefs Himmelreich | Ortsstraße 4 | www.gutehrlichessen.at

28_ Weinwerk Orange
Oran^{ge} ***

Weinfreaks sprechen heute gern von »Orange Wine«. Was ist das eigentlich? Orange, die »vierte Weinfarbe«, bildet das Gegenstück zum Roséwein. Während Rosé aus Rotweintrauben nach dem Prinzip der Weißweinherstellung gemacht wird, entsteht oranger Wein aus weißen Trauben, die der Winzer wie Rotweintrauben verarbeitet, also mit den Schalen vergärt.

Der »Oran« vom Wagramer Demeter-Winzer Fritz Salomon ist so ein maischevergorener Weißwein und zudem eine herrliche Kombination von Grünem Veltliner, Riesling, Chardonnay und ein wenig Traminer. Die Trauben wurden gerebelt, und der Wein verbrachte zwei Wochen auf der Maische. Diese Art der Vinifikation verursacht nicht nur die intensivere »orange« Farbe, sondern auch mehr Tannine – Gerbstoffe, die wie beim Rotwein Struktur verleihen und einen klaren sensorischen Unterschied zu herkömmlichen Weißweinen bilden. Nach etwa zweieinhalb Jahren Lagerung auf der Feinhefe im Großen Holz füllt Fritz seinen »Oran« unfiltriert ab. Der nach der Philosophie der minimalen Eingriffe entstandene Naturwein duftet unglaublich vielfältig, seine Tannine sind fein, die erfrischende Säure sorgt für animierende Balance. Eine etwaige Trübung stört nicht, denn sie stammt von kleinen Hefepartikeln, welche den Wein frisch halten.

Orange Wines sind keine neue Erfindung, sondern die älteste Form der Weinbereitung, in Georgien traditionell in Amphoren durchgeführt. Nicht länger darf man sie als kurzfristige Modeerscheinung bezeichnen, denn sie haben sich in einer kleinen, aber beständigen Nische der Weinwelt etabliert und nicht wenige Fans gefunden. Die Aromatik oranger Weine – Würze, Kräuter, nussige Noten, dunkle Fruchtaromen wie Feigen, Orangen und Dörrobst stehen im Vordergrund – ist für einen an primärfruchtige Weißweine adaptierten Gaumen ungewohnt, eröffnet aber eine völlig neue Geschmackswelt. Ausprobieren!

Gut Oberstockstall – Fritz Salomon | Ringstraße 1 | 3470 Kirchberg am Wagram | Tel. +43/2279/233512 | www.gut-oberstockstall.at | wein@gutoberstockstall.at

29 Messerscharf

Grüner Veltliner Zwiri Traisental DAC **

Das Traisental, in Nord-Süd-Richtung entlang des nordwärts fließenden Flusses Traisen ausgerichtet, ruht auf einem Sockel aus Kalkstein, gebildet von der Ur-Traisen, die dementsprechendes Material aus den Alpen herangeschwemmt hat. Löss am rechten Traisenufer und Konglomerat am linken ist auf diesem Sockel abgelagert, weiter westlich lappt die Böhmische Masse mit Granit unter der Donau durch und kommt hier noch einmal zum Vorschein. Der Traisentaler Löss ist aus anderem Ausgangsmaterial als jener vom Wagram und ergibt feinwürzigere und nicht ganz so mächtige Weine.

Kalk gibt den Ton an und verleiht den Weinen feingliedrige Präzision und Knackigkeit. Grüner Veltliner steht auf gut zwei Drittel der Rebflächen, Burgundersorten, speziell Weißburgunder, sind ob der Kalkböden ein wichtiges Thema, ebenso wie Riesling, der mengenmäßig aber nur bei etwa zwölf Prozent Anteil liegt.

Grüner Veltliner Zwiri ist laut »seinem« Winzer Ludwig Neumayer so etwas wie das »Missing Link« zur Edellage Zwirch, aus der einer seiner Spitzen-Veltliner kommt. Es gibt ihn seit dem Jahrgang 2015. Zwiri ist recht engmaschig, feinwürzig mit heller Körnerwürze à la Koriander und Kreuzkümmel und saftig wie gelbfleischiges Obst. Was die Traisentaler Präzision und die Säure anlangt, drängt sich selbst einem Nicht-Bryan-Adams-Fan die Liedzeile »Cuts like a knife« auf: geradeaus, glasklar, lebendigst.

Ludwig und sein Bruder Karl, der als Betriebsberater nicht ins weinmachende Geschehen involviert ist, bauten den Betrieb in den 1980ern aus dem Nichts auf und räumten bereits im ersten (österreichweiten) Wettbewerb, an dem sie teilnahmen, fünf Medaillen ab. Der erfolgreichste Wein damals, ein Weißburgunder aus 1986, ist, fast 30 Jahre später verkostet, ein Muster an Lebendigkeit und Intensität. Ihre Topweine heißen bis heute »Der Wein vom Stein« und sind Best-of-Selektionen der jeweiligen Rebsorten.

Weingut Ludwig Neumayer | Dorfstraße 37 | 3131 Inzersdorf ob der Traisen | Tel. +43/2782/82985 | www.weinvomstein.at | neumayer@weinvomstein.at

Niederösterreich
Weinviertel

Nomen est omen – und doch dümpelte das Weinviertel im Nordosten Österreichs lange vor sich hin. Stets im Schatten der bekannteren Gebiete Kamptal, Kremstal und Wachau stehend, fand es erst verspätet Anschluss an das österreichische Weinwunder. Der Aufschwung begann mit der Einführung des allerersten österreichischen Herkunftsweines im Jahr 2002 – Weinviertel DAC in Form eines fruchtig-pfeffrig-frischen Grünen Veltliners. Das neue Qualitätsbewusstsein der Winzer, steigendes Selbstbewusstsein und eine passende Marketingstrategie konnten das Image der Weinviertler Weine im In- und Ausland stark verbessern. Seit dem Jahrgang 2009 mischt auch die kräftigere Weinviertel DAC Reserve mit.

Das größte Weinbaugebiet Österreichs erstreckt sich in leicht hügeliger Landschaft nördlich der Donau bis Tschechien, grenzt im Osten an die Slowakei und im Westen an den Manhartsberg. Von etwa 13.800 Hektar Rebfläche gehört die Hälfte dem Grünen Veltliner. Dennoch herrscht Sortenvielfalt mit Riesling, Weißburgunder, Grauburgunder, Welschriesling, Gelbem Muskateller sowie Sauvignon blanc, und ein paar Rotweininseln im westlichen Weinviertel, vor allem dem Zweigelt gewidmet, sorgen für Abwechslung. Zudem bringt eine neue Winzergeneration viel Schwung in althergebrachte Strukturen.

WEINVIERTEL | EBNER-EBENAUER

30_ Trau keinem unter 30
Sekt Blanc de Blancs Zero Dosage *****

Die Stadt Poysdorf und Umgebung, eine knappe Autostunde nach Norden vom Wiener Stephansplatz aus, ist Sektgrundweingebiet. Doch nicht deshalb sind Marion und Manfred Ebner-Ebenauer auf die Idee eines eigenen Sekts gekommen. Beide sind große Champagnerfans, Marion liebt Krug: Irgendwann kam der Gedanke, dass man es eingedenk der Möglichkeiten auch selbst wagen könnte.

Bodenmäßig gibt es von allem rund um Poysdorf: Löss, auch Sand, mageren Muschelkalk, warmen Schotter und sehr viel Kalk. Ebner-Ebenauers setzen für alle ihre Weine gezielt auf Trauben aus bis zu 70 Jahre alten Anlagen, die bereits in ihrer Ertragsmitte ruhen. 30 Jahre ist die magische Grenze, alles Jüngere kommt in einen Sammelwein. Älteres wird lagenrein ausgebaut, wenn es passt. Bewusst langsam, denn der Faktor Zeit ist ein hohes Gut bei allen Weinen, auch bei den sogenannten »kleinen«.

2006 startete ein Erstversuch, 2007 wurde es ernst mit ihrem Blanc de Blancs aus Chardonnay von mindestens 30 Jahre alten Rebstöcken auf extra kalkhaltigen Böden gewachsen. Der Grundwein wird per Hand gelesen, Ganztraubenpressung bringt zarteste Aromen und wenig phenolischen Druck, Batonnage macht ihn cremig. Nach der zweiten Gärung in der Flasche bleibt der Wein sieben Jahre in Kontakt mit der Hefe, was zu einer extrafeinen Perlage führt. Nach dem Degorgieren wird mit demselben Sekt wieder aufgefüllt, daher Zero Dosage. Alle Arbeitsschritte passieren mittlerweile im Haus. Eine unnachahmliche Textur, zartes, cremiges Prickeln und große Frische zeichnen diesen Sekt aus, der in seiner 2008er-Version vom »Wine Enthusiast« mit 95 Punkten bedacht wurde und seither immer mehr internationale Anerkennung erhält.

Gemacht wird er nur in passenden Jahren, meist ist er rascher weg, als man bestellen kann. Aber in der Wartezeit kann man sich gut mit den Ebner-Ebenauer'schen Stillweinen in beiden Weinfarben über die Runden helfen.

Marion & Manfred Ebner-Ebenauer | Laaer Straße 3–5 | 2170 Poysdorf | www.ebner-ebenauer.at | office@ebner-ebenauer.at

31 Naturwein mit Soul

Weissburgunder Sodalis *****

Das hübsche Pferd prangt nicht grundlos auf dem Etikett. Wo die Trauben für den Weißburgunder Sodalis gedeihen, bearbeitet Michael Gindl den Boden ausschließlich mit Pferdestärken. Nur wenige hundert Flaschen gibt es von dieser Rarität, die ganz anders schmeckt, als man sich »herkömmlichen« Weißburgunder vorstellt. Naturtrüb, aromatisch komplex, superpikant, lebhaft und erfrischend – hochwertiger, individueller Naturwein. Der Weißburgunder ist zudem eine Lieblingssorte des Winzers.

Das Umdenken in Richtung Biodynamie begann für den Weinviertler vor etwa 15 Jahren – mit der Erkenntnis, dass die »mit weniger Tun, aber mehr Geduld« bereiteten Weine des Großvaters eigentlich interessanter und haltbarer waren als die damals aktuellen Weine des Weinguts. So entschloss sich Michael Gindl, den Weinen mehr Zeit zu geben, und verbannte nach und nach überflüssige Eingriffe und Weinbehandlungsmittel aus dem Keller. Gleichzeitig entdeckte er den biodynamischen Anbau für seine Weingärten, nahm einige Jahre später auch bis dahin verpachtete Ackerflächen zurück und ist heute mit Leib und Seele Naturweinwinzer und Demeter-Bauer.

Zum Hof in Hohenruppersdorf gehören nicht nur Weingärten, sondern auch Äcker, Wiesen und Wald, außerdem Norikerpferde, Hochlandrinder, Zwergschafe und weitere Tiere. So kann eine langsame Annäherung an das Ideal der Arbeit in einem geschlossenen Betriebskreislauf geschehen. Durch die Biodynamie seien die Weingärten vital und stabiler, aber die Erträge sehr gering. Dafür gebe es mehr Insekten und biologische Vielfalt in den Weingärten, so der Winzer, der oft aneckt, weil er so vieles anders macht als andere. Zum Beispiel pflanzte er Reben in doppelter Dichte, denn er ist überzeugt, dass die gegenseitige Konkurrenz die Rebstöcke stärkt. Hohe Erntemengen könne man so zwar wiederum nicht erwarten, doch viel wichtiger sei die positive Wirkung auf die Gesundheit der Pflanzen.

Michael Gindl – mg vom sol | Marktplatz 27 | 2223 Hohenruppersdorf | Tel. +43/664/4136349 | www.mgsol.at | wein@mgsol.at

32 Dessen Name nicht genannt werden darf

Gemischter Satz Braitenpuechtorff*

Braitenpuechtorff ist ein Gemischter Satz, wie er gemischter nicht sein könnte. 17 Rebsorten – »vielleicht sind es auch 18, wer weiß, ob wir alles erkannt haben«, wirft Ingrid Groiss ein – verteilt auf drei Weingärten in drei Dörfern in und um Breitenwaida: Einer davon bringt etwa 90 Prozent der Trauben, die beiden anderen sind winzig klein, dafür steinalt und mit Reben wie Hietl Rote und Grauer Vöslauer bepflanzt. Der Wein daraus, im Stahltank vinifiziert, hätte »Dorflagen« heißen können, wogegen die Kellereiinspektion Einspruch erhob, weil man das mit einem Lagenwein verwechseln könnte. So wurde in froher Freundesrunde eine Phantasiebezeichnung aus den drei alten Dorfnamen zurechtgeschneidert. Groiss, nach einem Wirtschaftsstudium und einer Karriere in einem internationalen Getränkekonzern Marketing-gestählt, gibt offen zu, dass es nicht der glücklichste aller Weinnamen sei, »aber…« – sie mag ihn.

Rein geschmacklich ist dem Wein gar nichts vorzuwerfen. Im Stahltank vinifiziert und mit vier Monaten Vollhefekontakt ausgebaut, ist er lebendig und vielschichtig, schmeckt nach Kernobst, Steinobst, mit blütenhaften Aromen, er ist frisch mit einem vollen Körper, zarter Cremigkeit, ohne zu beschweren, und ausnehmend stimmig. Wer es druckvoller möchte, greife zu Groiss' Lagenweinen.

Die drei Weingärten bezeichnet Groiss als »eine Art Sortenmuseum«. Der größte wurde 1951 von ihrer Großmutter gepflanzt und jahrzehntelang in Schuss gehalten. Fiel ein Stock aus, wurde nachgepflanzt mit dem, was ein Nachbar oder ein Bekannter oder der Freund eines Bekannten gerade hatte. Die Thermenregionssorten Zierfandler und Rotgipfler landeten im Weinviertel, weil ihre Großmutter in der Thermenregion am Schweinemarkt zu tun hatte und ins Gespräch kam. 2007 hat sie den Weingarten an ihre Enkelin übergeben, für die es das Signal war, endlich Winzerin zu werden.

Ingrid Groiss | Tullner Straße | 2014 Breitenwaida | Tel. +43/0676/293927703 | www.ingrid-groiss.at | info@ingrid-groiss.at

33 Trocken oder brut?

Cuvée Special brut ***

Schaumwein-Etiketten können so richtig aufs Glatteis führen, genauer gesagt, ihre etwas verwirrenden Angaben zur Restsüße. Merke: Wer keine Süße mag und das Wörtchen »trocken« auf dem Sekt-Label erblickt – Finger weg! Denn im Gegensatz zu Stillweinen bedeutet »trocken« bei schäumenden Weinen 17 bis 32 Gramm Zucker – und die sind schmeckbar. Die Zwischenstufe »extra trocken« ist mit zwölf bis 17 Gramm weniger süß, aber wer es »tatsächlich trocken« will, sollte besser nach »brut« Ausschau halten – höchstens zwölf Gramm Süße. Seltener, aber stark im Trend sind »extra brut« mit maximal sechs Gramm und »brut nature« – knochentrocken mit maximal drei Gramm Zucker.

Von »trocken« bis »brut nature« – bei Christian Madl findet jeder seinen Lieblingssekt. Während viele österreichische Winzer zuletzt ihr Sortiment mit ein oder zwei Sekten aufgepeppt haben, führt Christian Madl einen der wenigen kleinen, handwerklich produzierenden Betriebe, die seit vielen Jahren ganz und gar auf Sekt spezialisiert sind. Diverse Praktika – in der Champagne, in Luxemburg oder beim deutschen Sekt-Großmeister Raumland – ließen den Weinviertler Winzer früh die große Leidenschaft für Schaumwein entdecken.

Madl widmet sich auf 3,1 Hektar Reben in erster Linie den regionalen Sorten Welschriesling, Grüner Veltliner und Zweigelt, die fein balancierte Cuvée Special besteht jedoch aus Chardonnay und Pinot noir, den klassischen Sorten der Champagne. Fünfeinhalb Jahre Hefelagerung – fünfeinhalb Jahre Geduld – ergeben eine faszinierend elegante Perlage und eine komplexe Aromatik: feinwürzig, brotig, zitrisch, cremig, pikant. Mit zehn Gramm Dosage befindet sich die Cuvée Special im klassischen »brut«-Bereich. Genießen sollte man sie in großen Gläsern. Die altmodische »Sektflöte«, aber auch manche neu designte Sektgläser besitzen ein zu geringes Volumen, um die Vielschichtigkeit zur Geltung zu bringen.

Sektkellerei Christian Madl | Hauptstraße 49 | 2172 Schrattenberg | Tel. +43/2555/24168 | www.madlsekt.at | office@madlsekt.at

34 Der persönliche Veltliner
Grüner Veltliner Ried Halblehen **

Im Retzer Land weht frischer Wind. Das hat weniger mit dem warmen, trockenen Klima des nördlichen Weinviertels zu tun, sondern vielmehr mit der jungen Winzerin Elisabeth Rücker aus Unterretzbach. Wer nach Weinviertel DAC der Marke »fruchtig, fröhlich, spritzig« sucht, ist bei ihr an der falschen Adresse. Elisabeths eigenständige Weine können mehr. Der Grüne Veltliner von der Ried Halblehen kommt mit intensiver Würze, guter Substanz und feiner Cremigkeit daher – dann setzt die frische, saftige Säure einen Kontrapunkt und sorgt für wunderbaren Trinkfluss.

Die Lage Halblehen liegt direkt an der Grenze zu Tschechien. Auf dem fruchtbaren, lehmigen Schwarzerdeboden fühlen sich die über 40 Jahre alten Veltliner-Reben besonders wohl und bringen definitiv mehr Qualität als Quantität. Für die markante pfeffrige Würze, die als typisches Sortenmerkmal gilt, ist der Aromastoff Rotundon verantwortlich, der beim Grünen Veltliner in ungewöhnlich hohen Mengen in den Beerenschalen zu finden ist.

Elisabeth arbeitet seit 2008 im Weingut ihrer Eltern, hat inzwischen die volle Verantwortung für die 15 Hektar Weingärten übernommen und die Umstellung auf zertifiziert biologischen Anbau abgeschlossen. Da das Weinmachen für die Winzerin etwas sehr Persönliches ist, trägt ihre eigene Weinlinie auch ihren Vornamen – »Elisabeth«. Grüner Veltliner in sechs Spielarten, Riesling, Chardonnay, Zweigelt und die rote Cuvée »Aurora« bilden die stimmige Weinpalette.

Die begeisterte Biowinzerin setzt voll auf spontane Vergärung, und die jungen Weine lagern ein ganzes Jahr auf der Feinhefe – das fördert den cremigen Charakter. Auch mit dem Schwefeleinsatz hält sie sich gern zurück und möchte in Zukunft »verstärkt in Richtung Natural Wine arbeiten«. Elisabeth ist überzeugt: »Beim Bereiten von Naturwein lernt man irrsinnig viel dazu, weil man dabei unglaublich genau arbeiten muss.«

Elisabeth Rücker | Herrengasse 1 | 2074 Unterretzbach |
Tel. +43/664/4279935 | www.elisabeth-wein.at | office@elisabeth-wein.at

WEINVIERTEL | WEINGUT SCHÖDL

35 Sekt-Kompetenz
Blanc de Blancs brut **

In prickelnden Angelegenheiten ist das Weinviertel nicht zu unterschätzen. Natürlich regiert hier frisch-fruchtiger Veltliner, doch wer genauer hinsieht, erblickt eine überraschende Vielfalt an Sorten und Weinstilen. Besonders viel tut sich beim Sekt. Als traditionell wichtigste Quelle für Sektgrundweine der großen Hersteller hat das Weinviertel auch der Trend zu qualitativ hochwertigen Winzersekten erfasst. »Irgendetwas Prickelndes« in Form einfacher, mit Kohlendioxid versetzter Perlweine anzubieten, reicht vielen Winzern nicht mehr.

So sind die Schödls in Loidesthal nicht die Einzigen, die sich neben einer feinen Palette an Stillweinen mit großer Begeisterung der aus der Champagne stammenden Traditionellen Flaschengärung (Méthode Traditionelle) widmen – sie machen es allerdings besonders gut. Sicherlich kein Nachteil ist dabei, dass Herbert Schödl nicht nur an der renommierten Weinbauschule in Klosterneuburg Kellerwirtschaft unterrichtet, sondern mit seinem Faible für Champagner offenbar auch seine Söhne Mathias und Leonhard angesteckt hat.

Für den Blanc de Blancs brut verwenden die Schödls ausschließlich die Sorte Chardonnay. Der mit einem Gemisch aus Hefe und einer speziellen Zuckerlösung versetzte Grundwein wird in Flaschen gefüllt und mit Kronenkorken verschlossen. Bei der zweiten Gärung entsteht Kohlensäure, die nicht entweichen kann und sich daher im Wein löst. Hochwertiger Sekt reift viele Monate oder auch mehrere Jahre »auf der Hefe«. Grundregel: je länger die Hefelagerung, desto feiner die Perlage des fertigen Sekts. Der wunderbar balancierte Blanc de Blancs brut verbringt drei Jahre auf der Hefe und erfreut mit entsprechend eleganten Perlen sowie typischen Brioche-Noten. Nach der 2015 in Österreich etablierten dreistufigen Sekt-Qualitätspyramide fiele Schödls Blanc de Blancs in die mittlere Kategorie »Reserve«. Den feinen Rosé brut sollte man übrigens auch probieren!

Weingut Schödl | Hauptstraße 76 | 2225 Loidesthal | Tel. +43/2532/88523 | www.weingutschoedl.at | mail@weingutschoedl.at

36__ Wieder wer sein
Blauer Portugieser Rakatai **

Blauer Portugieser war einmal wer, und zwar die beliebteste rote Rebsorte in Österreich bis in die 1950er Jahre. Nachdem er etwa 1770 aus Portugal nach Vöslau kam, verbreitete er sich rasch auch in anderen Landesteilen. Das Pulkautal im Weinviertel, Haugsdorf im Speziellen und auch die Thermenregion waren Hochburgen.

Portugieser hatte neben absoluter Hinfälligkeit im Weingarten eben auch Eigenschaften, die geschätzt wurden: unfassbar wüchsig und als Wein mild zu trinken. In den 1960ern drängte der robustere Zweigelt in die Weingärten, im Weinviertel wurde Portugieser durch diesen und Blauburger ersetzt. Heute wird die Weinqualität, die die Rebsorte üblicherweise zu bringen vermag, nicht mehr nachgefragt: Man hat ihn zwar, lässt ihn aber gern in Cuvées oder Rosés verschwinden oder verpasst ihm lustige Phantasienamen, um ihn leichter verkaufen zu können.

Die Familie Seymann, die ihre Weine unter das schöne Generalthema »Flüssige Landschaft« stellt, hatte vom Vater gerade die letzten 250 Portugieser-Stöcke übernommen, die aber bleiben durften und heute etwa 60 Jahre alt sind. Die Seymanns erweiterten die Flächen durch Grundstückstausch. Pflegt man ihn nicht, wird er im besten Fall ein unauffälliger Schankwein. Mit Zuwendung und vor allem bei Ertragsreduktion ergibt er weiche, extraktreiche Weine, wohlschmeckend ganz ohne Bombast und Chichi, die mehr als bloß »fruchteln« und die sich perfekt für den leichtfüßigen Rotweingenuss eignen.

Er ist saftig und geschmeidig und vereinigt alles an Beeren in sich, das dunkel und soft ist von Maulbeeren bis Hollunder, unterlegt mit einem Geschmack nach dunkler Schokolade der nicht zu kakaolastigen Art. Er ist frisch und braucht – getesteterweise – in jedem Fall Zeit im Glas, um sich zu voller Pracht aufzuschwingen. Der Name Rakatai erinnert übrigens an die Kelten, die vor 2.500 Jahren bereits einiges mit Wein am Hut hatten.

Nancy Lee Akinci, Laurin und Harald Seymann | 2052 Karlsdorf 50 | Tel. +43/2944/8290 | www.seymann-wine.at | office@seymann.at

37 Veltliner-zentriertes Weltbild

Grüner Veltliner Ried Vogelsang **

Herbert Zillinger ist im Osten des weitläufigen Weinviertels daheim, dort, wo die pannonische Wärme sehr stark ins Weinviertler Klima hineinregiert und die sanfthügelige Landschaft gen Osten ausrollt. Er gehört zu jener jungen Generation von Winzern, die mit oft auch radikalen Arbeitsweisen massiv dazu beitragen, dass sich im größten Weinbaugebiet des Landes höchste Qualität entwickelt. Gut zwei Drittel von Zillingers Rebflächen sind mit des Österreichers liebster Rebsorte bestockt, die er in drei Varianten anbietet: als frischen, fruchtigen Rebsortenwein, als Best-of-Selektion unter dem Namen Radikal und als Lagenwein aus unterschiedlichen Weingärten.

Veltliner Vogelsang wächst auf Löss, der auf Sand und Sandstein aufliegt und alles in allem sehr kalkreich ist. Der Boden ist recht leicht, was sich eins zu eins im Wein niederschlägt, der zwar dicht verwoben und engmaschig ist, gleichzeitig aber leichtfüßig tänzelnd daherkommt. Kalk bringt große Saftigkeit, die einen an Orangen, Mandarinen und Ananas denken lässt.

Herbert Zillinger ist die personifizierte Evolution: Wie er dazu kam, was er heute tut, und wie er es anging, spiegelt die Denkarbeit wider, die dahintersteckt. 1999 stieg er nach der Weinbauschule Klosterneuburg ins Weingut seiner Eltern ein, 2003 übernahm er offiziell. Ausgehend von konventioneller Bewirtschaftungsweise, tastete er sich mit jedem Jahr mehr an Erfahrung ans Biologische heran und weiter in die Biodynamie nach respekt-biodyn. Auslöser für die Entwicklungsschritte waren, so Zillinger, seine eigenen Beobachtungen im Weingarten und viele Gespräche mit Kollegen.

Man ist geneigt, an ein sehr Veltliner-zentriertes Weltbild zu denken, angesichts der bloßen Zahl der Varianten, in denen er die Rebsorte ausbaut. Wären da nicht auch noch Sauvignon blanc, Traminer, diverse Burgunder, Welschriesling und etwas Zweigelt.

Herbert Zillinger | Hauptstraße 17 | 2251 Ebenthal | Tel. +43/2538/85395 | www.zillingerwein.at | info@zillingerwein.at

38 Amphore, interzellular
Numen Rosé Sankt Laurent ***

Das Weinmachen als Handwerk, der Weingarten als Biotop – diese Worte beschreiben kurz und präzise Johannes Zillingers Philosophie. Er kommt ganz ohne spritzig-fruchtigen »Weinviertel DAC« aus und steht gerade deswegen für herkunftsgeprägte Weine. Vater Hans Zillinger wandte sich bereits 1985 dem Bioweinbau zu, galt aber zu jener Zeit eher als »Bio-Spinner« denn als »Bio-Pionier«, wie man ihn heute gern nennt.

Johannes, nicht verwandt mit Herbert, beschritt mit der Übernahme des Weinguts 2012 dennoch seinen eigenen Weg – hin zum biodynamischen Weinbau nach den strengen Demeter-Richtlinien. Arbeiten nach Mondphasen, biodynamische Komposte, vergrabene Kuhhörner, Spritzungen mit Kräuterextrakten, Kreislaufwirtschaft, Minimalismus im Keller – all das gehört zur Biodynamie. Dazu Vergärung auf der Maische, im Keller vergrabene Amphoren und ein Solera-System wie bei der Sherry-Herstellung. Für konventionelle Ohren klingt das doch sehr verrückt – sehr normal hingegen für die Naturwein-Szene. Aufgeschlossene Weinfreunde können vollstes Vertrauen in Johannes Zillingers Weine setzen, die individuell, fokussiert und alles andere als austauschbar schmecken.

Der Rosé der naturbelassenen Serie »Numen« stammt von ausgesuchten hochreifen Sankt-Laurent-Trauben, die Zillinger ungequetscht und ganz in Amphoren verfrachtet. Die Gärung setzt »interzellular« – innerhalb der Beeren – ein; dann werden die Trauben sanft mit den Händen ausgedrückt, und nach sieben Monaten kommt der Rosé unfiltriert in die Flasche. Kein Allerwelts-Rosé mit Weißweincharakter, sondern ein vielschichtiger Wein, der einem leichten Roten ähnelt, geprägt von herbstlichen Aromen, Kräuterwürze, getrockneten Sauerkirschen sowie erfrischendem Säurespiel und einer ordentlichen Menge an feinen Gerbstoffen. Für Naturwein-Einsteiger eignet sich zudem besonders Zillingers trinkfreudige Linie »Velue«.

Bioweingut Johannes Zillinger | Landstraße 70 | 2245 Velm-Götzendorf | Tel. +43/676/6357881 | www.velue.at | jz@velue.at

39 Geholt aus Brünn

Grüner Veltliner Frau Else zu Brynn *

Jeder in Wein-Österreich, so weit darf man ruhigen Gewissens generalisieren, weiß, was ein Brünnerstrassler ist – ein pikant säuerlicher, knackig frischer, leichter Wein, der entlang der Brünnerstraße im Weinviertel gewachsen ist. Die Rebsorte war dabei gar nie festgelegt, jedoch darf man aufgrund der Herkunft davon ausgehen, dass es sich um Grünen Veltliner handelt. Seine Feinde ordnen ihn der panösterreichischen Kategorie des »Heckenkleschers« zu, ein Begriff, der für jeden sehr sauren Wein in Österreich verwendet wird und dabei genau genommen nur jenes Stadium der Trunkenheit beschreibt, in dem ein aufrechter Gang nicht durchhaltbar ist und man unvermutet ins nächste Gebüsch fällt.

Aber der Brünnerstrassler hatte auch Freunde, sonst wäre in Wiens Weinhäusern nicht so viel davon getrunken worden. Man erzählte sich von einem 800-Liter-Fass an einem Vormittag, was aber vielleicht auch ein bisschen Angeberei sein könnte. Genau genommen ist es der Protoyp eines Herkunftsweines, das kann man nach 16 Jahren nicht von jedem DAC-Wein in Österreich behaupten.

Else Zuschmann und ihr Mann Peter Schöfmann, die Weingärten entlang der historischen Brünner Straße haben, nahmen sich der Idee des Brünnerstrasslers an und machen seit einigen Jahren wieder einen Wein dieses Stils. Er werde sehr wohl nachgefragt, so Else Zuschmann, und nicht nur von Wein-Nostalgikern. Modern interpretiert bedeutet dies: Die Rebsorte ist Grüner Veltliner, der einen Tick früher als zum idealen Ausreifezeitpunkt gelesen wird, aus teilweise alten Reben, die Fruchtigkeit und Aroma einbringen. Der Wein soll belebend fruchtig nach grünem Apfel schmecken, er hat wenig Alkohol und ein animierendes Wesen.

Der zugegebenermaßen für den Export etwas sperrige Name wurde in »Frau Else zu Brynn« geändert. Fazit: ein höchst gelungenes Revival aus einem Hause, das darüber hinaus noch einiges mehr zu bieten hat.

Zuschmann Schöfmann | Winzerstraße 52 | 2223 Martinsdorf | Tel. +43/2574/8428 | www.zuschmann.at | office@zuschmann.at

Niederösterreich
Carnuntum

Ein sehr früh entwickeltes Bewusstsein für Regionalität und späte Eigenständigkeit im Jahr 1993 zeichnen dieses Weinbaugebiet östlich der Bundeshauptstadt aus. Die Idee zum roten Regionswein Rubin Carnuntum wurde im Jahrgang 1992 erstmals umgesetzt, als Wein-Österreich im Großen und Ganzen noch in Rebsorten, nicht in Herkünften dachte. Carnuntiner Weingärten gibt es von Göttlesbrunn und Höflein bis nach Petronell und Hainburg, rund um Stixneusiedl und rund um Prellenkirchen, nachweislich bereits vor 500 Jahren genau dort, wo sie heute noch sind. Geologisch sind sie relativ homogen mit Schotter auf unterschiedlichem Unterbau als zentralem Thema.

Auf den etwa 900 Hektar in Carnuntum findet man das klassische österreichische Rebsorten-Sammelsurium in Weiß und Rot. Sehr klug verstand eine junge Generation von Winzern den Rotweinboom der 1990er zu nutzen, sodass Carnuntum sich einen Namen mit kraftvollen Rotweinen machte. Zweigelt erwies sich als die ideale Sorte für das Gebiet, mit dessen Fähigkeiten und Möglichkeiten sich eine seit gut 20 Jahren existierende Arbeitsgruppe befasst. Blaufränkisch führt ein weltweit höchst angesehenes Nischendasein am Spitzerberg bei Prellenkirchen.

Carnuntum DAC wurde 2019 beschlossen und orientiert sich am Gebietswein-Ortswein-Lagenwein-System. Zu den Gebietsweinen wird auch Rubin Carnuntum gehören, der heute reinsortiger Zweigelt ist.

Fragte man sich in Stuart Pigotts »Wein spricht Deutsch« aus 2006 noch, aus welchem Grund man auf dem Weg zu den burgenländischen Winzern in Carnuntum stehen bleiben sollte, so ist dies heute klar: Weil man hier hochklassige Rotweine probieren kann. Falls es im Zuge des Probierens Weißwein gibt, wird das sicher auch niemand bereuen.

40 Zweigelt mit Schuss
Rubin Carnuntum **

Herrn Grassls Gespür für Zweigelt war ausschlaggebend für die Wahl dieses Weines. Philipp Grassl hat ein ausgezeichnetes Gefühl dafür, was seine Zweigelts an den unterschiedlichen Standorten bringen können, er differenziert sehr genau, welche Trauben einer bestimmten Lage und eines bestimmten Alters für ein Solo geeignet sind oder ob sie mit Partnern zu einer seiner hochklassigen Cuvées zusammengefügt werden: Schüttenberg ist ein Einzellagenwein aus dieser Sorte, während Neuberg und Bärnreiser zweigeltdominierte Cuvées sind, Neuberg wie immer mit gut 80 Prozent Anteil an heimischen Sorten.

Rubin Carnuntum sei aus Zweigelt, besagt das Reglement, EU-Reinsortigkeit ist erlaubt (bis zu 15 Prozent einer anderen Rebsorte dürfen dazugegeben werden). Bei Grassl sind es etwa zehn Prozent Blaufränkisch, »maximal ein Schuss, der wie das Salz in der Suppe wirkt«, wie er meint. Die Trauben kommen aus unterschiedlichsten Lagen, und die Reben sind bis zu 45 Jahre alt. Sein Rubin wird von intensiver, warmer Fruchtigkeit getragen, dunklen Kirschen und Beeren, mit jenem samtigen Tannin, das Zweigelt so zugänglich macht, und einer frischen Säuerlichkeit wie in Weichseln (Schattenmorellen).

Mehr als die Hälfte der Grassl'schen 28 Hektar Weingärten rund um Göttlesbrunn sind mit Zweigelt bestockt. Früher arbeitete die Familie mit vielen Vertragswinzern, etliche dieser Flächen sind heute direkt in der Hand der Familie, auch weil die früheren Betreiber in Pension gingen. Der Qualität war dies zuträglich, man sei, so der Winzer, bei Eigenbearbeitung einfach näher dran. Philipp Grassl steht für jene Winzerinnen und Winzer, die jung an Jahren mit dem Boom in den 1990ern begonnen haben und mit der Entwicklung von Carnuntum erwachsen wurden. Und Reife heißt in diesem Fall, dass in vielerlei Hinsicht heute weitaus puristischer gearbeitet wird als zu Beginn der Carnuntum-Wunderjahre.

Philipp Grassl | Am Graben 4 & 6 | 2464 Göttlesbrunn | Tel. +43/2162/8483 |
www.weingut-grassl.com | office@weingut-grassl.com

grassl
ZWEIGELT
RUBIN CARNUNTUM

41 Madame Spitzerberg
Samt & Seide Prellenkirchen Blaufränkisch **

Grande Dame der österreichischen Wein-PR, Grande Dame des eleganten Blaufränkisch. Das nennt sich Erfolg im Weinbusiness. Anfang der 90er Jahre gründete Dorli Muhr die Kommunikationsagentur Wine & Partners, und die Präzision, mit welcher sie sich auf dem internationalen Weinparkett bewegt, ist auch in ihren Weinen zu entdecken.

Im kleinen Weinbaugebiet Carnuntum, östlich von Wien und südlich der Donau, herrscht Rotwein vor. Dieser erlebte Mitte der 90er einen Boom, und die Carnuntiner Winzer erhielten viel Anerkennung für dichte, opulente, vom Barrique-Ausbau geprägte Rotweine von Zweigelt und internationalen Sorten. Dorli Muhr gefiel dieser Weinstil nicht. Sie suchte bereits nach Leichtfüßigkeit und Frische, als sie 2002 – mit Beteiligung des portugiesischen Weinmachers Dirk van der Niepoort – ihr Weingut, das nun zu 100 Prozent ihr Eigen ist, gründete.

Mit großem Engagement begann sie für die Renaissance des Spitzerbergs zu arbeiten – eine fast in Vergessenheit geratene Top-Riede für Blaufränkisch ganz im Osten Österreichs, nahe der slowakischen Grenze. Trockenheit, Sommerhitze und karge, kalkhaltige Böden prägen den Spitzerberg, der zwar nur geringe Erträge, aber elegante Weine mit feinem Säurerückgrat, Frische und Struktur hervorbringen kann.

So ist der Blaufränkisch Ried Spitzerberg der Topwein, doch auch die Trauben für Samt&Seide wachsen am Spitzerberg, auf zehn Parzellen mit etwas jüngeren, 15- bis 30-jährigen Reben, biologisch bewirtschaftet. Sorgfältige Handernte, spontane Gärung und zwei Jahre Ausbau in großen, alten Holzfässern bestimmen die handwerkliche Vinifikation. Samt&Seide, der Prellenkirchener Ortswein, fühlt sich auch am Gaumen wie Samt und Seide an – filigran und engmaschig. Herrlich präzise ist die helle Frucht, und ein paar Prozent mitvergorener Stiele betonen die Struktur und erhöhen die Trinkfreude.

Weingut Dorli Muhr | Schulgasse 21 | 2464 Göttlesbrunn | Tel. +43/664/1804039 | www.wine-partners.at | d.muhr@wine-partners.at

42 Sehr persönlich
Blaufränkisch Spitzerberg ***

Als sich Irene, die Jugendfreundin einer der Autorinnen, in den Winzer Horst aus dem Örtchen Berg verliebte und ihn in der Folge auch heiratete, war die Freude für das Glück der Freundin mindestens ebenso groß wie die Neugier eines weinaffinen Menschen, was der Zukünftige denn für Weine mache. Man besuchte den Familien-Heurigen, erfreute sich am Essen, probierte sehr gute Weine und stockte beim Blaufränkischen, der herausstach. Er war auffallend anders als alles, was man unter Blaufränkisch Mitte bis Ende der 1990er üblicherweise bekam: nämlich weitaus frischer, eleganter, saftiger.

Winzer Horst, ein zurückhaltender Charakter, kommentierte das lapidar mit: »Der wird hier immer anders.«

Mit »hier« sind die Hainburger Berge in der nordöstlichsten Ecke von Carnuntum gemeint, weitab vom weit bekannteren Göttlesbrunn. Sie sind die nördlichste der österreichischen Top-Herkünfte für Blaufränkisch, die sich entlang der Alpenausläufer am nordwestlichen Rand des pannonischen Raums aneinanderreihen. Die südlichste Erhebung dieser Hügelgruppe ist der Spitzerberg, der zur Berühmtheit wurde. Er hat den höchsten Kalkanteil. Klimatisch bilden die Hügel eine Einheit, geologisch gehören sie zu den Kleinen Karpaten.

Der Boden des knapp 300 Meter hohen Spitzerbergs besteht aus einem Granitkern mit einer mehr oder weniger dicken Muschelkalkauflage. Er ist extrem trocken mit etwa 350 Millimetern Niederschlag jährlich und verfügt, als erste Klippe für die aus Pannonien einströmenden Luftmassen, über eine spezielle Thermik. Nicht von ungefähr befindet sich dort auch eine Segelflugschule.

Pelzmanns Spitzerberg ist elegant, engmaschig, mit floralen Noten im Mix mit ausgeprägter Dunkelbeerigkeit, immer sehr frisch und mit intensiver Mineralität. Seit dem Beginn 2006 ist er bei der Spitzerberg-Gruppe dabei, derzeit sind es elf Winzer, die sich diesem speziellen Blaufränkisch-Stil verschrieben haben.

Horst und Irene Pelzmann | Hauptstraße 27 | 2431 Berg | Tel. +43/2143/2788 |
www.weingut-pelzmann.at | weingut.pelzmann@aon.at

43 Mit Füßen getreten
Sankt Laurent **

Der Sankt Laurent gehört zur eleganten Burgunder-Familie, und so schmeckt er auch – zumindest bei Johannes Trapl. Sein Weinstil durchlief mehrere Phasen des Wandels, hin zu neuer Leichtfüßigkeit. Zuletzt strich der Winzer beim Sankt Laurent den Zusatz »Reserve«, der aus jener Zeit stammte, da der Wein deutlich kraftvoller und opulenter war. Nun ist sein Sankt Laurent filigran, frisch und tanzt mit einem Alkoholgehalt von knapp zwölf Prozent beschwingt auf der Zunge.

Bei der Vergärung des Rotweines arbeitet Johannes Trapl mit »whole cluster«. Was geheimnisvoll klingt, bedeutet lediglich, dass die Stiele der Trauben zu einem gewissen Anteil mitvergären. Die übliche Vorgehensweise wäre, die Rotweintrauben vor der Vergärung komplett zu entrappen – abzubeeren, da man von den Stielen stammende bittere, grüne Noten vermeiden will. Johannes Trapl hat in dieser Hinsicht keine Bedenken: »Im Herbst 2018 haben wir Rotweintrauben tonnenweise mit den Füßen getreten. Das ist eine extrem schonende und sanfte Art der Verarbeitung. So entstehen keine bitteren Noten, sondern mit den Stielen kommen Frische und Struktur in die Weine.«

Der Sankt Laurent wird im gebrauchten 500-Liter-Fass ausgebaut. Die frische Frucht – rotbeerig und dunkelbeerig zugleich –, sortentypische Würze, feine Tannine, lebendige Säure und saftiger Trinkfluss wecken sofort die Lust auf den nächsten Schluck. »Hochgetrimmte Weine, die ermüdend anstatt erquickend sind, will doch keiner trinken«, erklärt der Winzer seinen Low-Intervention-Ansatz beim Weinmachen, der auf Reinzuchthefen, Enzyme, Schönungen oder sonstige Zusätze verzichtet. Die Weine sehen nur minimal Schwefel. In der Einfachheit liege das Rezept der Zukunft, lautet Johannes Trapls Überzeugung. Im Weingarten arbeitet er seit einigen Jahren nach biodynamischen Richtlinien und erlebt seine Reben immer mehr in einem erfreulich stabilen Gleichgewicht.

Weingut Johannes Trapl | Hauptstraße 16 | 2463 Stixneusiedl | Tel. +43/2169/2404 | www.johannestrapl.com | wein@trapl.com

SANKT LAURENT

T A
R P
 L

Johannes Trapl

Niederösterreich

Thermenregion

Unmittelbar südlich von Wien beginnt das Weinbaugebiet Thermenregion. Mehr als 2.000 Hektar Reben stehen heute auf den zum Wienerwald gehörenden Hügeln, wo sich bereits die Römer vor mehr als 2.000 Jahren dem Weinbau widmeten.

Die Weinorte der Thermenregion besitzen in Hülle und Fülle Buschenschänken, und diese tischten den zahlreichen Gästen aus Wien jahrzehntelang belanglose Schankweine auf. So gibt es – abgesehen von einigen etablierten Top-Weingütern – immer noch ein wenig aufzuholen in puncto Qualität, wenngleich die Zahl der ambitionierten und qualitätsfokussierten Winzer beträchtlich gewachsen ist.

Im beschaulichen Gumpoldskirchen dominiert der Weißwein, und das in großer Sortenvielfalt. Zuletzt rückten die autochthonen Weißweinsorten Zierfandler und Rotgipfler, sozusagen als »Turbo Twins« der Region, stark in den Fokus, die als Alleinstellungsmerkmale der Thermenregion großes Potenzial besitzen. Perchtoldsdorf, Pfaffstätten, Baden und Traiskirchen sind ebenfalls Weißweinorte, die Rotweinzentren befinden sich im südlichen Teil der Thermenregion. In Bad Vöslau, Sooß, Tattendorf und Teesdorf regieren St. Laurent und Pinot noir.

THERMENREGION | WEINGUT GEBESHUBER

44_ Rebsorten Turbo Twins I
Rotgipfler Ried Laim ***

Rotgipfler und Zierfandler sind zwei autochthone weißen Rebsorten, aus denen der Exportschlager des frühen 20. Jahrhunderts entstand: der »Gumpoldskirchner«, ein Herkunftswein par excellence. Beide Sorten haben das Zeug zu Großem, jede für sich wie im Verbund als »Spaetrot-Rotgipfler«. Leider wird dieses Potenzial vonseiten der Produzenten nicht immer gehoben und von österreichischen Konsumenten nicht immer anerkannt, weil die Weine nicht dem hiesigen Geschmackspostulat »frisch-fruchtig-knackig« folgen.

Johannes Gebeshuber ist einer, der hebt, und zwar mit Zierfandler, Rotgipfler, Pinot und St. Laurent. Nach 20 Jahren Beschäftigung mit der Gegend, den Sorten und den Vermarktungsmöglichkeiten setzt er heute auf ein Sortiment basierend auf reinsortigen Lagen- und Ortsweinen sowie Gebietsweinen, die Gemischte Sätze sind. Bei abgespeckter Rebfläche übrigens, 25 Hektar verteilt auf 42 Parzellen im Alter von 17 bis 80 Jahren und seit 2017 biodynamisch bewirtschaftet.

Rotgipfler ist der aromatisch Ruhigere der Zwillinge, er bringt elegante kompottwürzige Aromen und dezente Frucht subtil und doch eindringlich ins Spiel. Die Aromen erinnern an Birnen, auch getrocknete, an Honigmelone und Gewürznelken bei mittelkräftiger Säure. Er spielt seine Schönheit über Textur und Tiefgang aus, erfreut mit burgundischem Wesen.

Rotgipfler der Riede Laim wächst auf reinem Muschelkalk, die Rebstöcke dort sind gut 40 Jahre alt. Ausgebaut wird nach Spontanvergärung im 500-Liter-Fass, mit Batonnage, daher auch die cremige Textur des Weines. Zu den Grundaromen entwickelt sich mit der Zeit im Glas ein elegant-zurückhaltender tropischer Fruchtmix, der Wein wird mit jeder Minute facettenreicher. Weine wie dieser sind universell einsetzbar, am besten indem man ein Glas langsam austrinkt und sich bei jedem Schluck aufs Neue überraschen lässt (siehe Kapitel 47).

Johannes Gebeshuber | Jubiläumsstraße 43 | 2352 Gumpoldskirchen | Tel. +43/2252/61164 | www.weingut-gebeshuber.at | office@weingut-gebeshuber.at

45 No risk, no fun!
Pet Nat #3 **

In Version Nummer 3 ist er eine Spur ruhiger geworden, der vorwitzige Pet Nat von Georg Nigl. Dass dies auch auf den umtriebigen Naturweinwinzer zutrifft, gilt nicht als gesichert.

Georg gab die erste Version seines »natürlich sprudelnden« Pet Nat nur ungern aus der Hand. Nicht weil er ihn nicht gern verkauft hätte, sondern weil Gefahr drohte: Unvorsichtiges Handling der stark unter Druck stehenden Flasche ließ beim Öffnen an die Hälfte des Inhalts explosionsartig in hohem Bogen herausschießen – unerfreulich, denn nicht nur eine reduzierte Menge, auch am Ort des Geschehens verteilter Pet Nat trübt bei Weinfreunden den Genuss beträchtlich.

Im dritten Jahr aber hat der Winzer das Explosions-Problem im Griff. Der gärende Most kommt mit weniger Restzucker in die Flasche, so bleibt auch der Kohlensäuredruck moderat. Die detaillierte schriftliche »Genussanleitung« bleibt dennoch beim Kauf inkludiert. Ihre Kernbotschaft lautet: »Sie benötigen mindestens zwei Minuten, um zu Ihrem Genusserlebnis zu kommen!« Empfohlene Trinktemperatur: 6 °C. Es gilt also, die Flasche ordentlich zu kühlen, dann keinesfalls zu schütteln und sehr langsam zu öffnen, um den Eigendruck abzulassen. No risk, no fun!

Mit ein wenig Vorsicht kann man dann getrost riskieren, das dunkelrosa Naturprodukt aus Cabernet franc und Pinot noir von der Flasche in die Gläser zu gießen. Großen Spaß macht dieser Sprudel auf jeden Fall – saftig, fruchtig, trocken, erfrischt er den Gaumen. Tiefsinniges Philosophieren kann man sich für einen von Georgs anderen Mainstream-fernen Weinen aufheben, zum Beispiel für den strukturbetonten und vielschichtigen Gemischten Satz Alte Reben oder für den feinen Pinot noir, der mehrere Jahre im Keller reifen darf. Am allerbesten lernt man Georg Nigl und seine Naturweine bei einem Besuch im wunderschönen Heurigen in Perchtoldsdorf, unweit von Wien, kennen.

Weingut & Buschenschank Georg Nigl | Kunigundbergstraße 57 |
2380 Perchtoldsdorf | Tel. +43/650/2628076 | www.nigl.com | georg@nigl.com

THERMENREGION | GEORG SCHNEIDER

46 Lohn der Geduld
Pinot noir Ried Tagelsteiner **

Georg Schneider hatte immer Burgundisches im Blick wie eben Pinot noir und St. Laurent, wobei er den Erstgenannten geradeheraus als seine »Lieblingssorte« bezeichnet. Ganz besonders schätzt er an ihm dessen Fähigkeit, auf den jeweiligen Boden eingehen zu können. Daher reizte es Schneider, der im »roten Süden« am Tattendorfer Schotter zu Hause ist, Pinot noir auch im »weißen« Norden »auszuprobieren« bei Pfaffstätten oder Gumpoldskirchen, wo die Böden etwas schwerer sind, die Weingärten gut 80 Meter höher liegen, aber dank der Nähe zum Wienerwald durch Fallwinde gekühlt werden.

Vor 13 Jahren konnte er in der Riede Tagelsteiner einen passenden Weingarten für seine Pinot-Idee erwerben, kurz darauf wurde ihm noch ein zweiter etwas höher am Hang angeboten, der mit Rotgipfler bestockt war, einem der beiden weißen Lokalmatadore, der in dieser Riede ebenfalls hervorragende Ergebnisse bringt. Der Boden in Tagelsteiner, auch als Taglsteiner ohne e zu finden, ist Braunerde mit höherem Muschelkalkanteil, da es die Brandungszone eines Urmeeres war, dazu Lehm und Schotter an den Hangfüßen.

Sein erster Jahrgang als Lagen-Pinot war 2015, vinifiziert wird der Wein mit äußerster Zurückhaltung. Der Wein schmeckt zart mit sehnig-elegantem Körperbau, er spielt zwischen roten Beeren und blauen Blüten-Aromen wie Flieder oder Veilchen, hat eine seidige Textur und ist mit viel Kräuterwürzigkeit unterlegt, ein schönes Beispiel dafür, wie Pinot bei vorsichtiger Behandlung hier werden kann.

Schneiders Pinot steht auch für die vielfältigen Möglichkeiten, die dieses weingeschichtlich so bedeutende Gebiet bietet. Umso mehr verwundert es, wenn man hört, dass es hier gar nicht schwer sei, Weingärten zu bekommen – viele Kleinbetriebe hören auf, nicht alle Nachkommen möchten weitermachen. Positiv ausgedrückt kann man von Strukturbereinigung sprechen, negativ besehen von nicht genutzten Chancen.

Georg Schneider | Badner Straße 32 | 2523 Tattendorf | Tel. +43/2253/81020 | www.weingut-schneider.co.at | office@weingut-schneider.co.at

47 — Rebsorten Turbo Twins II
Zierfandler Ried Mandel-Höh ****

Südfrüchte lautete die schöne altmodische Bezeichnung, bei der sofort Bilder von Zitronen, Orangen und süßen Mandarinen vor dem geistigen Auge erscheinen. Bei diesem Zierfandler ist es das Erste, das einem einfällt, riecht man ins Glas rein. Und es ist bestenfalls die Hintergrundmusik, da alles, was dann dazukommt, den Wein noch wesentlich hinreißender macht – nasser Kies, feine Salzigkeit, wie sie eine Meeresbrise mitbringt, verspielte, feinste Aromen in elegante Textur eingebettet, dazwischen blitzt immer wieder diese südliche Wärme auf, und das ewig lang. Zierfandler Mandel-Höh gewachsen auf Braunerde und Muschelkalkboden ist unbestritten eine Benchmark für das Gebiet.

Die Rebsorte wird leider immer weiter zurückgedrängt, da sie im Weingarten schon gern herausfordert. Außerhalb der Thermenregion findet man sie kaum, am häufigsten noch in Gemischten Sätzen (vor allem in Wien), wo sie für den schönen runden Körper und für Extrakt zuständig ist. Im Gebiet selbst schaffen Zierfandler und Rotgipfler (siehe Nr. 44) gemeinsam gerade einmal etwas mehr als 200 Hektar, Tendenz stabil. Beide autochthonen Sorten sind in Exportmärkten höher angesehen als zu Hause, da der Weinstil, den sie hervorbringen, alles andere als dem hiesigen Generalgeschmack entspricht. Weder Zierfandler noch Rotgipfler bersten schon in früher Jugend vor Aroma. Sie sind ruhig, brauchen Zeit, um aufzutauen wie ein ruhiger Gast bei einem Abendessen unter Freunden, der sich mit Fortdauer als humorvoller, intelligenter und inspirierender Tischnachbar entpuppt.

Die Stadlmanns sind Urgestein in der Thermenregion. Bernhard Stadlmann verfeinert auf stille Art, was sein Vater Johann und dessen Vorfahren bereits über acht Generationen mit Fokus auf Qualität aufgebaut haben. Bernhards Verständnis für Gebiet und Weine ist exorbitant, man könnte ihm unendlich lang zuhören. Zeit ist hier also in jeglicher Hinsicht wichtig.

Weingut Stadlmann | Wiener Straße 41 | 2514 Traiskirchen |
Tel. +43/2252/52343 | www.stadlmann-wein.at | kontakt@stadlmann-wein.at

Wien

Gut 650 Hektar Weingärten innerhalb der Grenzen einer Hauptstadt, die in absehbarer Zeit zwei Millionen Einwohner haben wird, sind nicht nichts. Und es handelt sich nicht nur um Schau-Weingärten in Schönbrunn oder Rebstöcke im Schrebergarten für den Eigenverbrauch, sondern um Flächen, auf welchen seit dem Mittelalter ernsthaft und heute auf besonders hohem Qualitätsniveau Wein gemacht wird, für die Stadt und für alle, die dauerhaft oder temporär hier zugange sind. Der Nussberg als Lage ist mittlerweile Legende. Am transdanubischen Bisamberg mit Stammersdorf als zentralem Ort oder im an der südwestlichen Stadtgrenze gelegenen Mauer gibt es ebenfalls hochklassige Weinkultur, nicht zu vergessen auf Oberlaa im Arbeiterbezirk Favoriten im Süden Wiens.

Heurigen sind ein wesentlicher Bestandteil des Wiener Weinlebens. Grundlage dazu war die Zirkularverordnung von 1784 von Joseph II., mit welcher er Bauern erlaubte, Selbsterzeugtes zu verkaufen, um ein Einkommen zu haben. Grinzing, Sievering, Nussdorf oder Salmannsdorf waren Wein-Vororte, die 1892 in die Hauptstadt eingegliedert wurden, und gehören heute mit ihren Heurigen zum touristischen Pflichtprogramm.

Bis vor nicht allzu langer Zeit gab man genau diesen Institutionen aber auch die Schuld an der recht mediokren Qualität des Wiener Weines. Im Heurigen würde alles getrunken, das Alkohol enthält, egal wie es schmecke. Das hat sich in den vergangenen 15 Jahren grundlegend geändert. Gasthäuser und Restaurants hatten früher nach Möglichkeit keinen Wiener Wein auf der Karte, heute geht es nicht mehr ohne. Wurde die Weinkultur vorher von ein paar wenigen aufrechterhalten, findet man heute viele Winzerinnen und Winzer, die spannende Weine anbieten. Gar nicht selten sind unter ihnen Quereinsteiger, die aus Passion für das Produkt die Möglichkeiten vor der Haustür nutzen – zum Beispiel, dass die Stadt Wien als großer Weingarten-Grundbesitzer Flächen am Nussberg an Interessierte verpachtet.

Grundstücksspekulationen mit Weingärten wurden von der Stadtverwaltung abgestellt, indem sie ein Bewirtschaftungsgebot erließ: Wiener Weingärten seien Teil der Stadtlandwirtschaft und sollen als solche auch bearbeitet werden, argumentierte Michael Häupl, von 1993 bis 2018 Wiener Bürgermeister und legendär weinaffin. Besonders charmant am Wein in Wien ist, dass man zu vielen Weingärten per Straßenbahn fahren kann – also rein in den D-Wagen und ab auf den Nussberg!

48 Aus Liebe zur Buschenschank

Gemischter Satz »Ringelspiel« ***

Hier fehlt tatsächlich kein »Wiener« vor dem »Gemischten Satz«. Denn formal ist er keiner, auch wenn Jutta Ambrositsch in Wien daheim ist und die Trauben von der Salmannsdorfer Höhe in Döbling, Wiens 19. Gemeindebezirk, kommen. 1952 wurden damals verbreitete Sorten wie Jubiläumsrebe, Österreichisch Weiß, Grüner Silvaner und noch zehn, zwölf andere gemischt gepflanzt, die heute selbst Spezialisten nicht alle eindeutig benennen können. Weil aber die laut »Wiener Gemischter Satz DAC«-Verordnung festgeschriebenen Rebsortenanteile nicht erreicht werden – Hauptsorte maximal 50 Prozent, drittwichtigste Sorte mindestens zehn –, darf dieser Wein »nur« Gemischter Satz heißen, was der Freude am lebendigen, herrlich vielschichtigen Geschmack keinen Abbruch tut.

Ambrositsch, verehelichte Kalchbrenner, gab vor gut 15 Jahren ihren Beruf als Grafikdesignerin auf, um Winzerin zu werden – ohne Weinfamilie mit Stammsitz und Weingärten in der Hinterhand. Einer der Gründe, weshalb sie die Dinge stets sehr einfallsreich angeht. Aus Liebe zur Ur-Idee des Heurigen gründete sie 2006 »Buschenschank in Residence«, in dem ihr Wein und einfache, dafür hochqualitative typische Speisen angeboten werden. Mit diesem »Wander-Heurigen«, der in kürzester Zeit Kult wurde, bespielt sie zauberhafte, traditionsreiche Locations. Sind diese nicht mehr verfügbar, weil der Pachtvertrag ausläuft oder ein Gebäude verkauft wird, zieht sie weiter. Aus ähnlichen Gründen gibt es so manchen Wein vielleicht nur wenige Jahrgänge lang. Um endlich Rotwein machen zu können, kooperierte sie schon zwei Jahre mit bekannten Winzern in anderen Weinbaugebieten. Aktuell hat sie einen Rotweingarten im Südburgenland längerfristig gepachtet und lässt mit Christoph Wachter von Wachter-Wiesler ihren legendären Blaufränkisch Hetfleisch wiederauferstehen.

Weinbau Jutta Ambrositsch, J. Kalchbrenner | Dannebergplatz 12/2 | 1030 Wien | Tel. +43/664/5006095 | www.jutta-ambrositsch.at | buero@jutta-ambrositsch.at

49 — Ein Wein wie ein Mensch

Gemischter Satz »Qualtinger« maischevergoren ****

Michael Edlmoser macht hervorragende Weine in Mauer (23. Bezirk) und betreibt dort einen Heurigen, in dem sich gern gediegenes Wiener Publikum tummelt. Wenn es geht, früh genug an den Öffnungstagen, damit man von den täglich frisch gemachten Kardinalschnitten nach Oma Edlmosers Rezept noch etwas bekommt.

Man sitzt im Garten unter edlen, alten Bäumen und genießt das ganze Wein-Spektrum: von Veltlinern, Rieslingen, Chardonnay und Co. über Sauvignon blanc und Muskateller für die Fans aromatischer Sorten bis zu unterschiedlichen Wiener Gemischten Sätzen aus Wiens Süden, bei denen der wärmende Einfluss Pannoniens aus Osten kommend und kalkreiche Dolomitböden den Terroirunterschied zum Nussberg ausmachen. Der Weinstil fällt daher etwas voller aus.

Und dann das! Edlmoser stellt um auf biologisch, denn: »Man muss kein Freak sein, um das Ganze nachhaltig und bio zu gestalten.« Und er macht maischevergorenen Wein: »Man kann nicht schimpfen über Orange Wine, wenn man es selbst nicht besser kann oder nie probiert hat«, so seine Begründung. Und so kam Helmut Qualtinger ins Spiel.

Edlmosers »Qualtinger« ist ein Gemischter Satz vom Maurerberg, im Holzfass auf der Maische vergoren etwa ein Jahr lang, manchmal länger, was vom Traubenmaterial abhängig gemacht wird. Er wurde für die gesamte Dauer ohne Schwefel belassen, bekommt vor der Füllung die kleinstmögliche Dosis. Das beschert ihm feinstes Traubentannin, das sich im Mund wie Walnuss in dunkler Schokolade anfühlt, griffig und gleichzeitig auch geschmeidig. Frucht liefern Orangenaromen, von frisch bis getrocknet inklusive eines zarten, kräuterartigen Kicks und getrockneten Zitruszesten. Helmut Qualtinger im richtigen Leben war übrigens ein legendär unangepasster, feinsinniger und gleichzeitig brachialer Urwiener Schauspieler, Kabarettist, Autor und Sänger – alles klar?

Weingut Edlmoser | Maurer Lange Gasse 123 | 1230 Wien | Tel. +43 / 1889 / 8680 | www.edlmoser.com | office@edlmoser.com

QUA LTIN GER

TEIL 1

WIEN | WEISSER GESPRITZTER

50 Ode an den G'spritzten
Spritzer – Weißweinschorle – Spritzwein

»Man bringe den Spritzwein« ist ein historisches Zitat, mit dem eines der beliebtesten Erfrischungsgetränke Österreichs zu politischen Ehren kam. Derart feierlich beendete Wiens Bürgermeister Michael Häupl 2010 die Pressekonferenz, bei der er verkündete, dass die Hauptstadt erstmals seit 1918 von Rot-Grün regiert werden würde.*

Laut Gesetz hat der G'spritzte zu »mindestens 50 Prozent aus Wein« und zu »höchstens 50 Prozent aus kohlensäurehaltigem Trinkwasser (Sodawasser) oder dafür geeignetem Mineralwasser« zu bestehen. Dem widerspricht der Spritzer-Fan zart: Sodawasser ist das Wahre, Mineralwasser bringt sich über Inhaltsstoffe wie Magnesium und Kalium geschmacklich viel zu sehr ein. Der Wein dazu muss knackig und säuerlich sein, ein blitzsauberer Welschriesling oder ein Grüner Veltliner der jugendlich-fruchtigen Art etwa. Ein Sommerspritzer wird bis zu eins zu drei zugunsten des Wassers gemischt. Für Aroma-Fans bewährt sich trockener Muskateller. Rote G'spritzte gibt es – auf Anfrage, wie alle Varianten verlangt werden müssen. Denn ein Spritzer ist weiß, an sich. Verständnis für die Schlichtheit des Getränks ist gefordert, die auch Häupl nach seinem Abgang als Bürgermeister als Testimonial für die »Österreich Wein Marketing« dezidiert lobte.** Ist er nicht ganz frisch gemixt, verliert der G'spritzte die Spritzigkeit, da sich die Kohlensäure mit der Zeit feiner in den Wein einbindet. Jede Unsauberkeit wird verstärkt, beispielsweise wenn gewissenlose Gastronomen zuweilen versuchen, korkende Weine per Verdünnen gewinnbringend zu entsorgen. Ob Wein ins Wasser oder Wasser in den Wein gegossen wird – eine Grundsatzdiskussion. Robert Steidl, Institutsleiter Weinbau der Winzerschmiede Klosterneuburg und als Spritzer-Auskenner um eine technische Erklärung gebeten, antwortet lieber philosophisch: »Wein wird schlechter, wenn er zuerst im Glas ist, Wasser wird besser.«

---

*Dieses Zitat und viele weitere sind in Buchform zu haben: Peter Ahorner »Man bringe den Spritzwein – Die legendärsten Sprüche von Michael Häupl«.
**www.youtube.com/watch?v=mgfdnAMSGRM

51 Überzeugender Solist

Gelber Muskateller Ried Reisenberg **

Peter Uhler ist einer jener Quereinsteiger, die einiges dazu beigetragen haben, um den Wiener Wein voranzubringen. In seinem anderen Leben ist er Primgeiger im Radio Symphonieorchester Wien und Mitglied bei den Neuen Wiener Concert Schrammeln. Als Winzer begann er 1999 mit einem 0,2 Hektar kleinen Riesling-Weingarten. Zwei Jahre habe er sozusagen durch Mitmachen bei einem befreundeten Winzer gelernt, erzählt er. Durch Zufall und über private Kontakte kamen weitere Weingärten dazu, bis er auf seine heutige Größe von 2,5 Hektar angewachsen war. Die Weingärten liegen ausschließlich am Nussberg und am Reisenberg. Etwa die Hälfte davon ist mit Gemischten Sätzen bepflanzt, die jeweils bis zu 15 Rebsorten haben.

Uhlers Weingärten stammen teils aus dem Jahr 1960 beziehungsweise 1980. Riesling, ein roter Gemischter Satz und Muskateller wurden erst 2006 und 2007 gesetzt. Für das Auspflanzen von Muskateller musste er sich von dem einen oder anderen »goldenen Wiener Herz« beschimpfen lassen, da der Reisenberg mit seinen steinigen Böden als Toplage für Riesling gilt – etwas anderes hätte hier nichts verloren! Uhlers Muskateller »Reisenberg« ist aber ein überzeugendes Beispiel, dass in Wien neben dem Gemischten Satz genügend Platz für anderes ist. Gewachsen auf kristallinem Gestein à la Gneis, Granit und Quarz, ist dieser Wein ein »Boden-Muskateller, kein Nasen-Muskateller«, wie Uhler seine Idee beschreibt. Er bezaubert mit einem äußerst feinen, kreidigen Gefühl im Mund und ist staubtrocken. Für Duftfans liefert er hochfeine Kümmel- und Kräuternoten, die aber in den Hintergrund geschoben werden von der hinreißenden Vielfalt, die sich im Geschmack Schicht um Schicht auftut.

Peter Uhler veranstaltet von Zeit zu Zeit einen Buschenschank im Weingarten oder ein Adventfeuer im Dezember – perfekte Gelegenheiten, um einmal alle seine Weine zu probieren.

Weingärtnerei Monika und Peter Uhler | Hackenberggasse 29/7/4 | 1190 Wien | Tel. +43/660/5337551 | www.weinuhler.at | peter.uhler@chello.at

52 Vom Underdog zum Role Model

Wiener Gemischter Satz DAC Ried Ulm ✱✱✱

Ein Gemischter Satz, nicht Sortenreines, ist seit dem Jahrgang 2013 der DAC-Herkunftswein für Wien. Rasch kam er zu Akzeptanz und Ansehen trotz eines früher schwer ramponierten Rufes. Das Auspflanzen von unterschiedlichen Rebsorten in einem Weingarten und das gemeinsame Vergären war in der Weinwelt dort üblich, wo man verlässlich jedes Jahr Trinkbares benötigte, wie eben in einem Wiener Heurigen. Vor dem Hintergrund dieser Daseinsberechtigung als »Versicherungswein« wurde der Gemischte Satz zum Schankwein, der vor allem mit Wirkung berauschte, nicht mit Qualität.

1999 geschah es nun, dass Fritz Wieninger aus dem »norddanubischen« Stammersdorf einen alten Weingarten am Nussberg südlich der Donau in die Hände bekam, seine Freude war enorm. Weitaus weniger entzückte ihn, dass es sich um einen Gemischten Satz handelte – ein wilder Mix aus Burgundern, Veltliner, Traminer und noch einigen Sorten, die sich mit keinem ampelografischen Lexikon bestimmen ließen. »Wos moch i mit an G'mischt'n Satz?«, fragte er sich, der dank seiner Chardonnays und Pinot noirs vom Bisamberg einen Ruf zu verteidigen hatte. Er beschloss, den Wein einmal zu machen – 40-jährige Rebstöcke reißt man nicht einfach aus.

Das Ergebnis nannte er »Nussberg Alte Reben«, es überraschte mit vielschichtiger, exotischer Frucht, Frische und dichter, burgundisch anmutender Struktur. Jahre später wurde der Gemischte Satz zum Wiener DAC-Wein und jener vom Nussberg, der jetzt gemäß seiner offiziellen Lagenbezeichnung »Ried Ulm« heißt, zur Benchmark für viele hochqualitative Wiener Gemischte Sätze.

Noch eine Entwicklung lässt sich an diesem Wein nachvollziehen, falls man einmal reifere Jahrgänge probieren kann: Wieningers Weg vom konventionell wirtschaftenden Winzer zum überzeugten Biodynamiker.

Weingut Wieninger | Stammersdorfer Straße 31 | 1210 Wien |
Tel. +43/1290/1012 | www.wieninger.at | weingut@wieninger.at

Burgenland

Neusiedlersee

Das Weinbaugebiet an der Nord- und Ostseite des Neusiedlersees ist mit etwa 6.700 Hektar eine Macht mit einer fast unübersehbaren Vielfalt an Weinfarben und Weinstilen. Geografisch reicht das Gebiet vom Geländeabbruch des sogenannten Wagrams, der sich im Norden hinter den Weinorten Neusiedl, Weiden, Gols und Mönchhof von West nach Ost zieht, bis in den Seewinkel, an die Ostflanke des das Terroir mitbestimmenden Neusiedlersees, der für Temperaturausgleich und Luftfeuchtigkeit sorgt. Die Böden sind variabel und haben ebenfalls mit dem zu tun, was man in Seenähe finden kann: Schotter, Kies, Sand, dazu Lehm und Löss. Der Rebsorten-Spitzenreiter hier ist Zweigelt, der auf fast einem Viertel aller Rebflächen gepflanzt ist. Auch das DAC-Reglement dieses Weinbaugebietes wurde rund um Zweigelt konstruiert. In der Generalaufteilung Weiß – Rot haben weiße Rebsorten mit knapp 52 Prozent Anteil die Nase vorne – mit Welschriesling (gut elf Prozent) und Grünem Veltliner (etwa zehn Prozent) an der Spitze, vor den Burgundersorten Chardonnay und Weißburgunder.

In der Wahrnehmung ist es dennoch das Land mächtiger, kompakter Rotweine, die vor allem an den Hängen des Wagrams und an dessen Ausläufern entstehen. Rosenberg, Altenberg, Ungerberg und Gabarinza heißen einige der namhaften Lagen hinter dem bekannten Weinort Gols. Und im Seewinkel ist Süßwein ein Thema, weil hier einigermaßen verlässlich mit der Edelfäule Botrytis cinerea gerechnet werden kann, die für hochwertige Trockenbeeren- und Beerenauslesen gebraucht wird.

In unserer Auswahl stellen wir vor allem die ungewöhnlicheren, vielleicht nicht ganz so erwarteten Weine vor, und dazu gehört speziell in dieser Gegend auch die neue Weinfarbe Orange.

53 Andert als die anderen
Blauer Zweigelt **

Der Andert'sche Zweigelt ist anders. Und das ist gut. In einer Welt, die immer uniformer wird, suchen Menschen nach Individualiät – auch beim Wein. Bei Erich und Michael Andert in Pamhagen werden sie fündig. Von ihrer Hauptsorte Zweigelt bereiten die Brüder nämlich keinen weichgespülten Allerwelts-Rotwein mit süßlicher Kirschfrucht und rundem Schmelz, der schon nach dem ersten Schluck langweilt. Sie beweisen hingegen, dass Zweigelt auch anders geht – nämlich erfrischend und strukturiert.

Der Andert'sche Zweigelt offenbart bei lediglich 10,5 Volumprozent, was Trinkfluss und Bekömmlichkeit bedeuten. Er schmeckt frisch, vielfältig und straff, regt mit jedem Schluck zum Weitertrinken an und zeigt einmal mehr, dass leichte Rotweine allzu oft unterschätzt werden.

Zum Hof der Familie Andert im Seewinkel, nahe der ungarischen Grenze, gehören nicht nur 4,5 Hektar Reben, sondern auch Gemüse- und Kräuteranbau sowie mehrere Tierarten. Vor über 15 Jahren wandte sich Michael Andert der Biodynamie zu, heute macht sein Bauernhof den ganzheitlichen Ansatz der biodynamischen Landwirtschaft erlebbar. Bei speziellen Lehrgängen für Kinder wie auch Erwachsene hilft der Demeter-Winzer und Kräuterpädagoge, ein neues Bewusstsein für die Umgebung und die Natur zu erlangen.

Michael und Erich führen ihren Betrieb heute voller Begeisterung gemeinsam, engagieren sich bei Slow Food, organisieren Benefizläufe für die Kinderkrebshilfe und vieles mehr. Nach wie vor stellen sie sich die Andert-Frage: »Was können wir anders machen?« So findet Weiterentwicklung im Kopf und in der Praxis statt, auch wenn es oft ordentlich Mut braucht, um den nächsten Schritt zu gehen. In den Jahren 2017 und 2018 haben sie in ihren artenreichen Weingärten tatsächlich auf Schwefel- und Kupferbehandlungen verzichten können. Um die Rebstöcke und ihre Trauben gesund zu halten, genügten Spritzungen mit Kräuterauszügen.

Erich und Michael Andert | Lerchenweg 16 | 7152 Pamhagen |
Tel. +43/676/83858162 | www.andert-wein.at | michael@andert-wein.at

54 Korea am Neusiedlersee
Koreaa Gemischter Satz **

Weshalb Korea in Gols liegt, weiß niemand mehr so ganz genau. Tatsache ist, seit den 1950er Jahren wird jene Riede, die offiziell »Fürstliches Prädium« heißt, von den Golsern nur noch »Korea« genannt. Die Winzerin Judith Beck vermutet: »Diese Weingärten sind für die Golser ein wenig abgelegen, sodass man – gefühlt – bis nach Korea fahren muss, um sie zu erreichen. Die Anreise dauerte vor 70 Jahren wohl auch deutlich länger als heute ...« Der Name blieb jedenfalls erhalten, und so fahren die Golser noch heute »ins Korea«.

Genug der Theorie. In der Praxis erscheint Judiths Weißwein »Koreaa« gar nicht abgelegen, sondern bietet einen trinkflüssigen, leicht verständlichen Einstieg in die Welt der Naturweine. Judith begann schon 2007, die Eingriffe im Keller zu minimieren und ihre Weingärten biodynamisch zu bewirtschaften. Erklärtes Ziel: Qualitätssteigerung – mehr Charakter, mehr Authentizität, Frische und Balance in den Weinen.

»Koreaa« duftet nach wilden Kräutern, Zitruszesten, getrocknetem Apfel, pflanzlich-frischen und erdigen Noten, sanfte Tannine geben Struktur. Die wilde Mischung aus den Sorten Grüner Veltliner, Scheurebe, Weißburgunder, Neuburger, Welschriesling und Zweigelt kommt von alten Reben in einem gemischten Satz. Die Trauben werden für drei bis vier Tage eingemaischt, dann gepresst und spontan vergoren. Ein halbes Jahr lang liegt der Wein auf der Vollhefe, abgefüllt wird er ungeschönt und unfiltriert. Über ein kleines »Hefedepot«, das sich in der Flasche absetzen kann, sollten sich Weinfreunde nicht wundern, sondern freuen. Denn in der Regel hält ein bisschen Hefe den Wein wunderbar frisch. Die Schwefelgabe zur Weinkonservierung kann so minimiert werden.

Judiths Naturwein-Serie mit dem Namen »Bambule!« überzeugt von den maischevergorenen Weißweinen über die Roten, St. Laurent, Zweigelt, Pinot noir und Blaufränkisch bis hin zum prickelnden Pet Nat. Unbedingt probieren!

Weingut Judith Beck | In den Reben 1 | 7122 Gols | Tel. +43/2173/2755 | www.weingut-beck.at | judith@weingut-beck.at

55 Tugend aus der Not geboren

Traminer maischevergoren ***

Traminer ist eine steinalte Rebsorte, die – vermutlich aus Südosteuropa kommend – in ganz Europa verbreitet ist und sich in der Ahnenlinie vieler Rebsorten genetisch verewigt hat. Traminer hatte auch viel Zeit, Spielarten mit feinen Unterschieden zu entwickeln. Während Gelber Traminer die Blütenaromen herauskehrt und einiges an Säure aufbietet, zeigt Roter die intensivsten Aromen und Gewürztraminer eine zusätzliche Komponente von Nelken, Muskat, Koriander, oft auch von dunkler Schokolade.

Die Sorte ist ein Klassiker, der aber vom Weinpublikum ambivalent aufgenommen wird. Die einen lieben den Duft nach Rosen, Veilchen, Flieder und Orangenblüten. Andere lehnen ihn als parfümiert, ja aufdringlich ab, selbst wenn sie aromatischen Sorten à la Muskateller oder Sauvignon blanc nicht abhold sind. Dazu kann eine fleischige Süße kommen, da der Traminer-Rebstock per se mächtig Zucker assimiliert, was vergoren viel Alkohol ergibt, und die Trauben maximal mäßig Säure entwickeln.

Andreas Gsellmann aus Gols ist »kein großer Fan von Aromasorten«, bekam aber 2009 einen wunderbaren Weingarten mit Traminer bestockt in die Hände. Als einer der ruhigen Denker unter den Winzern überlegte er sich einen anderen als den üblichen Weg bei Traminer: Durch längeren Kontakt mit den Beerenhäuten, in denen Aromastoffe, auch Gerbstoffe und Farbpartikel sitzen, werden diese stärker ausgelaugt, was einen reizvollen Gegenpol zu der klassischen Traineraromatik bilden kann.

Während sich andere Rebsorten durch Maischekontakt oft bis zur Unkenntlichkeit verändert, behält Gsellmanns Traminer seine schönen Veilchen- und Fliedernoten, gekontert durch eine prächtige salzige Mineralität am Gaumen. Durch die zusätzliche Dimension im Geschmack ist der Wein zu Speisen höchst phantasievoll einsetzbar.

Andreas Gsellmann | Obere Hauptstraße 38 | 7122 Gols | Tel. +43/2173/2214 | www.gsellmann.at | wein@gsellmann.at

56 — Ohne Schminke
Naturschönheit *

Sie braucht kein Make-up und bestimmt keinen Push-up-BH. Die Naturschönheit ist ohne Hilfsmittel schön – und sie besitzt vor allem eins: »drinkability«. Drinkability mit »Trinkbarkeit« zu übersetzen ist nicht ganz richtig, denn »trinkbar« sollten im Grunde alle Getränke sein. Bei der drinkability eines Weines geht es vielmehr um Trinkfluss und Trinkanimo.

So tanzt Thomas Hareters Naturschönheit, eine Cuvée aus Zweigelt und St. Laurent, leichtfüßig im Seidenkleid daher, gibt sich verspielt, aber ehrlich, erfrischend keck mit einer gewissen Eleganz. Sie animiert zu jedem Schluck aufs Neue. Zwei typisch österreichische Rotweinsorten spielen hier wunderbar zusammen. Im großen Holzfass gereift und nur minimal geschwefelt, bilden sie mit Frucht, Würze, Feinheit und Erdigkeit einen spannenden, leichten Roten.

Die Trauben gedeihen in den biologisch bewirtschafteten Weingärten von Thomas und Claudia Hareter in Weiden am Neusiedlersee – auf einer kleinen Anhöhe mit schottrigen Böden. Den Weinen verleiht der schottrige bis schottrig-lehmige Untergrund einen schwebend feinen Charakter mit kühler Frucht, salzig-mineralischer Länge und Saftigkeit – drinkability eben!

Nicht nur der Inhalt, auch das hübsche Flaschenetikett der Naturschönheit stammt direkt aus dem Weingarten. Die Farbe der Grundierung wurde aus den Trauben gewonnen, und der Schriftzug setzt sich aus Rebranken zusammen. Die kleinen Insekten sind mit Farbe vom Rebholz auf das Papier gestempelt. So wohldosiert die Komponenten der Naturschönheit zusammenspielen, so herrscht auch am Weingut »ein dosiertes Miteinander von Weingarten und Mensch«. Biodiversität, Balance im Weingarten und Liebe zum Detail sind dem Winzer wichtig, dessen Ziel nicht ist, das Letzte, sondern das Beste aus seinen Reben herauszuholen – und im Keller auf jeden Wein individuell einzugehen.

Weingut Hareter Thomas | Untere Hauptstraße 73 | 7121 Weiden am Neusiedlersee | Tel. +43/2167/7612 | www.hareter.at | weingut@hareter.at

57 — Purist mit Terrakotta
Neuburger Ton Steine Reben ***

Schon im Volksschulalter besaß Hans Peter Harrer einen speziellen Musikgeschmack und mochte keinen Mainstream. Dieser Linie blieb er treu und übertrug sie auf seine Weine – wenig massentauglich, dafür mit eigenständigem Profil und erfrischend anders.

Der Name des Neuburgers »Ton Steine Reben« bezieht sich auf die Berliner Kultband Ton Steine Scherben. Gleichzeitig deutet er auf die vom Winzer bevorzugten Weinbehälter hin – italienische Terrakotta-Amphoren, aktuell sieben Stück, je 450 bis 500 Liter fassend. »Ich will den Geschmack der Trauben zu 100 Prozent und möglichst unbeeinflusst in die Flasche bekommen, und dazu eignen sich diese Gefäße am besten«, erklärt Hans Peter und fährt fort: »Terrakotta ist viel neutraler als ein Holzfass. So erziele ich mehr Ausdruck bei schlanken, strukturierten Weinen mit feinen Aromakomponenten.«

Hans Peter hängte seinen technischen Beruf im Alter von 30 Jahren an den Nagel und übernahm das elterliche Weingut 2012 als Quereinsteiger. Seine Eltern kelterten selbst keinen Wein, sondern lieferten ihre Trauben an ein renommiertes Golser Weingut. Mit hohen Qualitätsansprüchen und seit 2006 auch mit Bioweinbau waren sie so bereits vertraut. Den Schritt zum biodynamischen Weinbau machte ihr Sohn ganz selbstverständlich. Auch die 2012 gepflanzten Neuburger-Reben sieht er als Wendung »zurück zu den Wurzeln« – eine selten gewordene autochthone österreichische Sorte anstatt des weltweit verbreiteten Chardonnays. Für »Ton Steine Reben« maischte der intuitiv arbeitende Winzer die Neuburger-Trauben für zwei Tage ein und presste dann händisch ab. Ein Jahr verbrachte der Wein in den Terrakotta-Behältern. Wer ihn probiert, erlebt einen markanten, filigranen, vielschichtigen Wein mit unkonventionellem Auftreten wider die Uniformität der Masse. Große Empfehlung auch für Blaufränkisch und – am Neusiedlersee besonders überraschend – Riesling!

Weinbau H. P. Harrer | Obere Hauptstraße 59 | 7100 Neusiedl am See | Tel. +43/699/11625774 | weinbau-harrer.at | h.p.harrer@weinbau-harrer.at

58 Mut zur Freiheit
Graue Freyheit ***

Shake it! Diese Empfehlung auf dem Rückenetikett sollte man keinesfalls ignorieren, denn durch dezentes Schütteln geraten Hefepartikel, die sich am Flaschenboden absetzen, wieder in Schwebe und verleihen dem Wein zusätzlich Komplexität und Frische. Würzig, lebendig, tiefgründig führt die Graue Freyheit ganz großes Naturwein-Kino vor – und das in einzigartiger Farbqualität – Pretty in Pink. Von den Schalen des Grauburgunders stammt die Farbe, Chardonnay und Weißburgunder ergänzen perfekt. Zwei Wochen Maischekontakt, schonende Korbpressung, keine Filtration, kein Schwefel – der Wein begeistert mit feiner Tanninstruktur und wunderbarer Aromenvielfalt.

Gernot Heinrich zählte schon in den 90ern zu den Spitzenwinzern, und seine kraftvollen Rotweine – »Gabarinza« oder der legendäre »Salzberg« – sind zweifellos Teil der österreichischen Wein-Erfolgsgeschichte. Doch Gernot und Heike suchten unermüdlich nach noch mehr Qualität, stießen dabei an Grenzen – und überwanden sie.

Die Entscheidung für die Biodynamie und damit für lebendigere und vitalere Weingärten trafen die beiden 2006. Es braucht sehr viel Mut, um ein großes, hervorragend am Markt positioniertes Weingut auf Biodynamie umzustellen sowie einen markanten Wandel im Weinstil zu vollziehen. Gernot und Heike hatten Mut, nahmen sich die Freiheit, wurden mit Skepsis beäugt und stießen mancherorts auf Unverständnis, andernorts auf große Zustimmung. Gemeinsam mit 15 gleich gesinnten Winzern gründeten sie die biodynamische Gruppe respekt-biodyn.

Naturwein bedeutet für die beiden »ganz simpel biodynamische Bewirtschaftung im Weingarten und rigoroser Verzicht im Weinkeller«. Ihre Freiheit heißt, im Keller immer reduzierter zu arbeiten und die Weine von ihrer Herkunft erzählen zu lassen. Zur Naturwein-Linie Freyheit gehören mittlerweile ein Muscat, ein Roter Traminer, ein Welschriesling, ein Rosé und ein Neuburger.

Weingut Heinrich | Baumgarten 60 | 7122 Gols | Tel. +43/2173/3176 | www.heinrich.at | weingut@heinrich.at

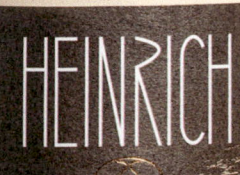

59 Der Wein für immer
Weiße Cuvée »perfect day« **

»Wir machen immer Weine, die wir auch selbst gern trinken«, erzählte Brigitte Pittnauer, als noch nicht ganz feststand, welcher der grandiosen St. Laurents, Pinot noirs oder Blaufränkischen in die Auswahl kommen würde. Mit St. Laurent und Pinot noir im Speziellen und mit Blaufränkisch einige Jahre später haben sich die Pittnauers einen ausgezeichneten Ruf erarbeitet, sodass man – wenn 111 Ösi-Weine gefragt sind, die man trinken muss – daran einfach nicht vorbeikomme, dachten wir. St. Laurent würde es wohl werden, mit dem Gerhard Pittnauer in seinen Anfängen Ende der 1980er sogar ganz kurz haderte: »Alle hatten Cabernet und ich wenig Geld, dafür massig St. Laurent«, um sodann die Besten zu machen.

Bis eher en passant ein »perfect day« im Glas war und Brigitte erwähnte, dass sie immer schon »einen richtig zarten Weißwein« machen wollten, so einen, »den man immer trinken kann, schon in der Früh, zu Mittag auch und am Abend sowieso«. Und genau so ist er. Der Wein ist maischevergoren aus Grünem Veltliner, Chardonnay, Muskat Ottonel und Traminer, einige davon aus einem Gemischten Satz. Die beiden letztgenannten Sorten verpassen dem Wein blütenartige Duftigkeit und Leichtfüßigkeit. Tiefgang und elegante, würzige Struktur kommen durch eine kurze Vergärung auf der Maische der Träger-Rebsorten Grüner Veltliner und Chardonnay dazu. Der Wein repräsentiert die Vielfalt in jeglicher Hinsicht, die das Land ausmacht (so wenig das manche vielleicht wahrhaben wollen) und die einem das Leben einfach leicht macht.

»perfect day« hat etwa zwölf Prozent Alkohol, oft auch weniger, und ein ausgesprochen hübsches Etikett, bei dem Tobias Hermeling, der Künstler, der alle Pittnauer Etiketten gemalt hat, möglicherweise an einen perfekten Tag gedacht hat. Einen, an dem man mit dem Hund spazieren geht, und Schäfchenwolken ziehen über den Himmel, »der sehr klar sein muss, um schon am Tag die Sterne sehen zu können«.

Gerhard & Brigitte Pittnauer | Neubaugasse 90 | 7022 Gols |
Tel. +43/2173/3407 | www.pittnauer.com | weingut@pittnauer.com

60_ Nach Art des Clauses
Pinot noir ****

Es ging rapide bergab – mit dem Alkoholgehalt von Claus Preisingers Pinot noir. Der wurde immer leichter, frischer und präziser. Seit dem Jahr 2000 macht Claus Wein, und er machte es von Anfang an richtig gut, denn schon in den Nullerjahren zählte sein eleganter Pinot noir zu den besten des Landes. Mit der Zeit und der Umstellung des Weinguts auf Biodynamie fand ein Stilwandel statt. Wie der Pinot heute in die Flasche kommt, liefert er einen starken Auftritt bei lediglich zwölf Prozent Alkohol – oder gar nur 11,5 wie im Jahrgang 2017.

Die Leichtigkeit dieses Weines wirkt selbstverständlich, doch sie ist es nicht. Im Burgenland, wo viel Sonne und Wärme die Trauben rasch reifen lassen, entstehen von Pinot noir oft voluminöse, runde – auch leicht verständliche – Weine, die sich durch konfitürige Aromen und süßen Fruchtschmelz auszeichnen, den ursprünglich feinen, komplexen Charakter der Sorte Pinot aber nur begrenzt widerspiegeln. Doch so muss das nicht sein.

Claus Preisinger arbeitet im Weingarten biodynamisch, im Keller puristisch und »low-tech«, dazu qualitätsfanatisch und entscheidet vieles aus dem Bauch heraus. Seine Pinot-Reben wachsen auf der erhöht gelegenen, aber flachen Parndorfer Platte mit schottrigen Böden, wo es besonders windig und eine Spur kühler ist als in den Golser Hanglagen. Durch zeitige Lese – im frühreifen Jahr 2017 bereits Ende August – erhält er die frische Säure und die Leichtfüßigkeit. Dazu kommen ein Plus an Struktur und kühle Rotbeerigkeit – mineralisch-strafferer Pinot als saftiges Trinkvergnügen mit Ecken und Kanten.

Der Pinot noir ist des Clauses Leidenschaft, aus einem Guss ist aber seine gesamte Weinlinie – vom gekühlt zu genießenden leichten Rotwein »Puszta libre!«, eine Hommage an das Beaujolais, über Blaufränkisch bis zu den mit Butz und Stingel vergorenen Weißen vom Edelgraben namens »ErDELuftGRAsundreBEN« – höchstes Niveau.

Weingut Claus Preisinger | Goldbergstraße 60 | 7122 Gols |
Tel. +43/2173/2592 | clauspreisinger.at | wein@clauspreisinger.at

61 Golser Dry Farming
Waiting For Tom Rosé **

Ob hier tatsächlich Reben wachsen? Oder doch Unkraut? Das fragten sich manche Golser ob des ungewohnten Bildes, das ein von Susanne und Stefanie Renner neu angelegter Weingarten im Frühjahr 2017 bot. Denn die Begrünungspflanzen in den Rebgassen überragten die Jungreben im ersten Jahr deutlich. Doch schon 2018 hatten die Reben aufgeholt und sich prächtig entwickelt. Ein großer Erfolg für die jungen Winzerinnen, die mit diesem Auspflanz-Projekt zeigen wollten, dass sich eine Junganlage auch ohne künstliche Bewässerung etablieren lässt – ein großes Wagnis im Trockengebiet des nördlichen Burgenlands, wo jährlich nur etwa 500 bis 600 Millimeter Regen fallen.

»Dry farming« ist Teil ihres Zugangs zum Weinbau und nur ein Beispiel, dass die Renner-Schwestern vieles anders machen als die meisten. Den Grundstein legte ihr Vater Helmuth, der schon vor Jahren auf Bioweinbau umsattelte. Falls ihm angst und bange wurde, als seine Töchter nach Wanderjahren zwischen Modebranche, Wasserwirtschaft und weltweiten Praktika bei Naturweinwinzern in das Golser Weingut zurückkehrten, ließ er es sich nicht anmerken. Er gewährte Susanne und Stefanie weitgehend freie Hand, und die beiden gingen begeistert den nächsten großen Schritt – hin zur Biodynamie.

Unter der Marke »rennersistas« kreierten sie ihre eigene Naturwein-Linie. »Waiting For Tom Rosé«, ein knackiger Rosé aus Zweigelt und Blaufränkisch, ist kein Allerwelts-Rosé, sondern eigenständig, frisch und lebhaft, dabei ernsthaft strukturiert und facettenreich. »Waiting For Tom« gilt als Hommage an die Lehrmeister Tom Lubbe vom Weingut Matassa in Südfrankreich und Tom Shobbrook in Australien. Innerhalb kürzester Zeit machten sich die Schwestern nicht nur in der Naturwein-Szene einen Namen. Nun führen sie das gesamte Weingut und vinifizieren auch die klassischen Renner-Weine. Und Helmuth Renner ist verdammt stolz auf seine Töchter.

Renner & rennersistas | Obere Hauptstraße 97 | 7122 Gols |
Tel. +43/2173/2259 | www.rennerundsistas.at | wein@rennerhelmuth.at

NEUSIEDLERSEE | CHRISTIAN TSCHIDA

62 Ein Freigeist verzichtet
Cabernet Franc Kapitel 1 ***

Cabernet Franc ist hierzulande nicht allzu weit verbreitet. Christian Tschida in Illmitz im burgenländischen Seewinkel hat einen idealen Weg gefunden, aus dieser Rebsorte Großartiges herauszuholen. Vorgaben welcher Art auch immer sind Tschidas Sache nicht. Er hält sich vor allem an das, was von selbst aus ihm herauskommt. Schritt um Schritt, Erkenntnis um Erkenntnis entwickelte er über die Jahre seinen Stil. Finesse und Feingliedrigkeit in jeglicher Hinsicht sind ihm wichtig, so auch bei Kapitel 1. Im ersten Jahrgang 2007 war noch Zweigelt dabei, im jüngsten 2017 kommen zum Cabernet Franc zehn, maximal 15 Prozent Blaufränkisch dazu. Vinifiziert wird heute nur in großen Fässern von 1.000 bis 1.600 Litern. Tschida spricht nicht von Extraktion, sondern vielmehr von einem »Ziehenlassen« der Maische. Der Wein hat sich bei etwa 12,5, teils sogar nur zwölf Prozent Alkohol eingepegelt, vor allem in den jüngeren Jahrgängen.

»Mit Alkohol kann man leicht ein Mundgefühl erzeugen, schwieriger ist es, leichtere Rotweine mit Tiefgang und Komplexität zu machen.« Im Keller wird vor allem verzichtet: auf Filtration, auch auf Schwefel. »Es geht darum, nicht zu pumpen, nichts zuzusetzen.« Der jüngste Jahrgang 2017 ist noch sehr von Frucht geprägt. Jahrgang 2013, dazumals in kleineren Holzfässern von 500 und 600 Litern vinifiziert, hat die perfekte Trinkreife und zeigt all seine Pracht: elegant, blättrig, fein, leichtfüßig in allen Facetten der Länge und Tiefe.

Tschida-Weine sind in Österreich nicht leicht zu finden. Wann Weine welchen Jahrgangs auf den Markt kommen, hängt in erster Linie davon ab, wie lange sie brauchen, um fertig zu werden. 90 Prozent und mehr werden exportiert. Am ehesten wird man in der unorthodoxen Gastronomie fündig, wie in der »Bar Brutal« in Barcelona, für die etwa 15 Weingüter weltweit jeweils einen speziellen Wein machen. Und Christian Tschida ist dabei.

Christian Tschida | Apetloner Straße 23 | 7142 Illmitz | Tel. +43/2175/24158 | www.tschidaillmitz.at | wein.tschida@aon.at

63 Selbstzensur mit Lindenblatt

Königlicher Tafelwein **

Josef Umathum, bekannt für feine Rotweine, liebt die Vielfalt – besonders im Weingarten. So pflanzte der Winzer aus Frauenkirchen im Jahr 2005 eine alte ungarische Weißweinsorte namens Hárslevelü (Lindenblättriger). Noch ahnte er nicht, dass er wegen dieses Weines mit den Mühlen der österreichischen Bürokratie Bekanntschaft machen würde.

Der Lindenblättrige, in der österreichisch-ungarischen Monarchie beheimatet und als hochwertige Rebsorte geschätzt, war einst an den Festtafeln des Königs beliebt. Nach dem Ersten Weltkrieg begann sein Verschwinden im Burgenland, sodass er im Laufe weniger Jahrzehnte völlig in Vergessenheit geriet und es nicht einmal mehr ins Österreichische Rebsortenverzeichnis von 1985 schaffte.

Josef Umathum, ein biodynamischer Winzer mit Weitblick, erkannte früh, dass späte Reife und die Fähigkeit, Säure zu halten, im warmen Klima wesentliche Vorzüge darstellen. Animierende Frische und moderate Alkoholgehalte zu sichern gilt bereits heute als große Herausforderung. So startete er die Wiederbelebung des Lindenblättrigen. Als er nun 2010 den ersten Wein vom Jahrgang 2008 mit der Bezeichnung »Lindenblatt 08 – Königlicher Tafelwein« auf den Markt brachte, ließ die Beschlagnahmung durch die Behörden nicht lange auf sich warten. In der Kategorie »Tafelwein« waren nämlich jegliche Hinweise auf Rebsorte und Jahrgang am Etikett verboten. Leicht verärgert löste Umathum das Problem auf unkonventionelle Art. Anstatt neue Etiketten zu drucken, übermalte er die unerlaubten Angaben am Vorder- und Rückenetikett kurzerhand mit schwarzem Filzstift. Aufmerksamkeit erregten diese geschwärzten Etiketten allemal. Rauchig-pflanzliche Würze, Noten von Quitten und Lindenblüten, lebhaft, leichtfüßig und elegant am Gaumen – so überzeugt der delinquente Lindenblättrige seine Fans heute als »Königlicher Wein«.

Weingut Umathum | St. Andräer Straße 7 | 7132 Frauenkirchen | Tel. +43 / 2172 / 2840 | www.umathum.at | office@umathum.at

Burgenland

Leithaberg & Rust

Zum Weinbaugebiet gehören etwa 3.100 Hektar Rebflächen. Es beginnt zwischen den am nördlichen Ende des Leithagebirges gelegenen Orten Neusiedl und Jois und zieht sich über Purbach und Donnerskirchen bis nach Mörbisch, das nur wenige Kilometer vom ungarischen südlichen Teil des Sees entfernt liegt.

Geologisch kann man sich das Gebiet als eine Art Schichtkuchen vorstellen: Als Brandungszone des Urmeeres ist Muschelkalk reichlich vorhanden, selbst für Geologie-Laien nachvollziehbar, da man beim Spazierengehen immer noch Kalksteinbrocken mit Muschelabdruck finden kann. Zwischen den mächtigen Kalkschichten »eingelegt« kommen immer wieder kristalline Schiefer und Gneise zum Vorschein. Alles in allem sind diese geologischen Bedingungen Voraussetzung für frische, elegante, mineralisch geprägte Weine in allen Farben. Alkoholmacht ist hier weder ideologisch noch technisch das Thema, was dem gemäßigteren Klima auf dieser Seite des Sees geschuldet ist. Dabei spielen die großteils bewaldeten, bis zu 480 Meter hohen Erhebungen des Leithagebirges sowie die Feuchtigkeit und Sonnenreflexion des Neusiedlersees Hand in Hand.

Rebsortenmäßig dominiert Blaufränkisch. Auch Burgundersorten wie Chardonnay und Weißburgunder in Weiß ebenso wie Pinot Noir in Rot bringen hier hervorragende, elegante, tiefgründige Weine hervor, die sehnig und zart zugleich sein können.

Die Freistadt Rust ist eine barocke Schönheit und anders in vielerlei Hinsicht. Und man pflegt dies auch. Geologisch findet man hier deutlich mehr Quarz, Schotter und Sand in den Böden, die durch eine tektonische Verschiebung des Ruster Höhenzuges zum Vorschein kommen. Mit Süßwein, einem Vorläufer des heutigen Ruster Ausbruchs, hat man sich 1681 das Freistadtrecht erkauft. Aktuell bespricht man den Beitritt zu Leithaberg DAC und wirft den Ruster Ausbruch als selbstständigen Herkunftswein in die DAC-Diskussion.

64 — Kalk oder Schiefer?
Blaufränkisch Ried Jungenberg *****

Von burgundisch fein und transparent im Glas über kantig strukturiert bis zu tiefdunkel und opulent – Blaufränkisch, das rote Aushängeschild des österreichischen Weinbaus, kann vieles sein. Wer nach einem eleganten, finessenreichen Blaufränkisch-Stil sucht, kommt am Leithaberg nicht vorbei – und auch nicht an Markus Altenburgers Weinen. Seit der Winzer aus Jois 2006 seinen ersten Jahrgang kelterte, hat er seinen Weinstil enorm verfeinert und präzisiert. Mehr Struktur und weniger Holz ermöglichen von ihrem Terroir geprägte Blaufränkische.

Das Leithagebirge westlich vom Neusiedlersee ist zwar nicht wirklich ein Gebirge, aber es erstreckt sich immerhin als niedrige Hügelkette von Jois bis nach Großhöflein. Wälder und Nordwind bringen Kühle und Frische in die Weine von den zum See hin abfallenden Weingärten. Zudem ist das Leithagebirge geologisch eine Besonderheit, denn in den oberen Lagen kommt das kristalline Grundgebirge, der Schiefer, zum Vorschein, während es weiter unten von Muschelkalk – Resten von Krusten- und Schalentieren des Urmeeres – überlagert wird. See und Leithagebirge, Kalk und Schiefer, Weiß- und Rotwein im Wechselspiel machen das Weinbaugebiet so spannend.

Blaufränkisch steht hier meist auf Kalk, doch als Topriede ist seit über 800 Jahren auch eine Glimmerschieferlage dokumentiert: der nach Südosten zum See blickende Joiser Jungenberg. Und wie sehr der Blaufränkisch ein Spiegel des Bodens ist, zeigen Markus Altenburgers Topweine großartig auf. Während der Schiefer am Jungenberg Rotbeerigkeit, pikante Würze, Seidigkeit und Finesse bei mineralisch-würzigem Kern verleiht, präsentiert sich der Blaufränkisch von der Kalklage Gritschenberg beeindruckend kompakt, strukturiert und tiefgründig. Welcher von beiden besser gefällt, ist subjektiv zu entscheiden – beide garantieren höchsten Genuss. Tipp für Rosé-Fans: Weine der RoSée-Connection!

Weingut Markus & Bernadette Altenburger | Untere Hauptstraße 62 | 7093 Jois | Tel. +43/2160/71089 | markusaltenburger.com | halloservusgriasdi@markusaltenburger.com

65 Warten auf die Edelfäule

Ruster Ausbruch Pinot Cuvée ***

Vulkanausbruch, Gefängnisausbruch, Kriegsausbruch. Ausbrüche klingen beunruhigend. Mit einem ganz und gar ungefährlichen Ausbruch beschäftigen sich die Winzer in der Freistadt Rust. Der Ruster Ausbruch ist ein Süßwein, genauer gesagt eine dichte, gold- bis bernsteinfarbene Trockenbeerenauslese von höchster Qualität. Er wird von Trauben gewonnen, die im Herbst von der Edelfäule *Botrytis cinerea* heimgesucht werden. Die Botrytis zerstört die äußere Wachsschicht der reifen Beeren, die Beeren schrumpfen durch den Wasserverlust ein, und es kommt zur Konzentration von Zucker, Säure und Aromen. Vom mühsamen Ausbrechen einzelner Botrytis-Beeren aus den Trauben kommt die Bezeichnung Ruster Ausbruch.

Eine spezielle Herbstwitterung mit Morgennebeln vom Neusiedlersee ist für das Auftreten der Botrytis essenziell, und mitunter müssen die Winzer monatelang darauf warten. Das Warten zahlt sich trotz winziger Erntemengen aus.

Dem wertvollen flüssigen Gold ist auch zu verdanken, dass der Markt Rust 1681 von Kaiser Leopold I. zur Freistadt erhoben wurde. Die kleine Gemeinde musste sich dieses Privileg teuer erkaufen und erhielt das Stadtrecht gegen 60.000 Gulden in Gold und 28.000 Liter Ruster Ausbruch.

In der Weltklasse-Liga spielen seit Jahrzehnten die Ruster Ausbrüche vom Weingut Feiler-Artinger, Gründungsmitglied der biodynamischen Winzergruppe respekt-biodyn. Obwohl Kurt Feiler nicht minder für seine hervorragenden Rot- und Weißweine bekannt ist, schlägt sein Herz ganz besonders für die Süßweine und den Ruster Ausbruch. Seine Pinot Cuvée aus Pinot blanc, Pinot gris und Chardonnay wird zum Teil in neuen Barriquefässern vergoren. Sie besitzt ein finessenreiches Säure-Süße-Spiel, eine vielfältige Frucht, Komplexität und eine wunderbar elegante Cremigkeit – von Schwere oder Behäbigkeit, die Süßweine bei solcher Konzentration manchmal befallen, nicht die leiseste Spur.

Weingut Feiler-Artinger | Hauptstraße 3 | 7071 Rust | Tel. +43/2685/237 | www.feiler-artinger.at | office@feiler-artinger.at

LEITHABERG | GUT OGGAU

66 Wein-Persönlichkeiten
Josephine ***

Allesamt eigenwillige Namen, markante Gesichter und unkonventionelle Persönlichkeiten – von den früh antrinkbaren Jungspunden namens Theodora, Winifred und Athanasius bis zu den komplexen Charakteren der Großeltern Mechthild und Bertholdi. Stephanie und Eduard Tscheppe-Eselböck haben auf Gut Oggau eine einprägsame Weinfamilie geschaffen, deren Mitglieder auch gern gesehene Gäste in Toprestaurants auf der ganzen Welt sind. So ist es gut, dass sich die gesamte Familie äußerst reisefreudig gibt – der Exportanteil beträgt über 80 Prozent.

Das biodynamische Weingut westlich des Neusiedlersees ist Demeter-zertifiziert, und die Vinifikation folgt dem Prinzip der minimalen Eingriffe. Auch der Verzicht auf Schwefel wird angestrebt. Jedem Wein wird seine eigene Persönlichkeit zugestanden, die Ecken und Kanten zeigen darf. Weder Einzellagen noch Rebsorten stehen im Vordergrund und schon gar nicht auf dem Etikett. Eduard Tscheppe hält die Rebsorten-Frage im deutschsprachigen Raum für überbewertet, denn stilprägend für den Wein sei vielmehr der Boden, die Sorte nur Mittel zum Zweck.

Josephine gibt in der mittleren Generation der Weinfamilie mit viel Substanz den Ton an. Ihr würzig-wilder, mediterraner Charme, aber auch die überaus dunkle Farbe lassen dann doch rätseln, welche Rebsorten hier beteiligt sein könnten. Es sei verraten: Josephine vereint Roesler und etwas Blaufränkisch zu einer äußerst gelungenen Cuvée. Roesler, die einst vielversprechende Neuzüchtung aus Klosterneuburg, hat es in Zeiten der Klimaerhitzung weniger leicht, denn sie bringt Farbe, Alkohol und Tannin, aber kaum Finesse. So kommt Roesler meist als gering beteiligter Verschnittpartner zum Einsatz. Die stoffige Josephine aber balanciert gekonnt, benimmt sich lebhaft, duftet nach Rosmarin und Thymian, besitzt mollige Tannine, wirkt dennoch nie plump, sondern mit jedem Schluck interessanter.

Gut Oggau – Stephanie und Eduard Tscheppe-Eselböck | Hauptstraße 31 | 7063 Oggau | Tel. +43/664/2069298 | www.gutoggau.com | office@gutoggau.com

LEITHABERG | KLOSTER AM SPITZ

67 Wiederbelebung
Blaufränkisch Muschelkalk Rot **

Muschelkalk Rot von Thomas Schwarz ist neu und alt zugleich. Neu ist der Name, der sich an Muschelkalk Weiß anlehnt. Alt ist die Weinidee, die es schon einmal gegeben habe im Jahrgang 2002, wie er erzählt. Es ging damals um die Möglichkeiten von Blaufränkisch am Leithaberg, von Thomas und der Rebsorte in deren natürlichem Habitat. Er kennt Herkunft und Sorte bis ins Kleinste und findet doch immer wieder neue Facetten, die er in seinen Weinen ausdrückt.

Muschelkalk 2013 ist »Blaufränkisch mit zehn Prozent Cabernet Sauvignon gepimpt«, so Schwarz. »Cabernet Sauvignon macht den Wein runder in der Säure, als Blaufränkisch das vermag, er schmeckt mehr und riecht mehr«, argumentiert er. Der Wein hat Trinkfluss, hinreißende, perfekt ausgereifte dunkle, komplexe Beerenfrucht mit einem Touch Cassis, viel Mineralität und frische Würzigkeit, die vertraut und überraschend zugleich ist, als ob eine Lieblingsspeise mit einem neuen Gewürz zubereitet wäre. Muschelkalk 2015 werde möglicherweise nur Blaufränkisch sein, wirft er ein.

Menschen wie er werden mangels passenderer Schublade gern als Rebell oder Punk punziert. Punk trifft wenigstens seinen Musikgeschmack einigermaßen. Rebelliert hat er nicht, aber umgestaltet und sich »wiederbelebt« wie seinen Wein – durch Verkleinern von zwölf auf acht Hektar, durch Abstellen von Belastendem wie DAC-Vorschriften, Prüfnummern-Prozeduren oder des Vertriebs, den er radikal über Wiederverkauf geregelt hat. Er wollte mehr Zeit für alles andere – für seine Famile, für seine Winzerarbeit und für einen Hund. »Jetzt machen viele Sachen wieder Spaß, die mir früher nicht mehr gefallen haben.«

Und Ideen passieren. Sein Rosé-Sekt in zwei Versionen – einmal mit Dosage und Schwefel, einmal ohne alles – kam zustande, weil ihm »ein Noagerl« Rosé übrig blieb und er gleichzeitig einsah, dass seine »heiß entbrannte Liebe zu Laurent-Pérrier Rosé« einfach ein zu teurer Spaß werden würde.

Thomas Schwarz – Kloster am Spitz | Waldsiedlung 2b | 7083 Purbach | www.thomasschwarz.at | weingut@klosteramspitz.at

68 Burgenland meets Steiermark

Sauvignon blanc Steinmühle ***

Auch wenn dies gängiger Glaube ist, entsteht Sauvignon blanc in hoher Qualität nicht ausschließlich in der Südsteiermark. Sauvignon blanc Steinmühle der Familie Kollwentz aus Großhöflein bei Eisenstadt zählt seit 1974 zu den österreichischen Weinhoheiten.

Die Trauben für Steinmühle wachsen auf einer recht unspektakulären Anhöhe von 15 Metern, von der aus man den Flußverlauf der Wulka anhand der Uferbepflanzung erahnen kann. Die gesamte Riede ist riesig, 53 Hektar. Nur etwa zwei Hektar am Plateau sind mit Sauvignon blanc bepflanzt, wo es sehr trocken ist, nicht gerade ideal für die Rebsorte. Zusätzliche Feuchtigkeit bekommen die Reben über den Morgentau, der sich durch die Nähe zum Fluss verlässlich bildet. Dafür hat es die dominierende Gesteinsart, Quarzschotter, in sich, auch bekannt als Feuerstein, Flint oder Silex.

Das Resultat ist ein fleischiger, intensiver Sauvignon blanc, der via Nase und Gaumen alle Aroma-Facetten dieser Sorte ausspielt. Abhängig vom Jahrgangscharakter dominiert entweder Blütenhaftes oder ein Kräutermix oder gelbe Paprika oder ein changierender Mix aus allem, unterlegt von einer lebendigen Säuerlichkeit wie in weißen Johannisbeeren. Burgenländisch an ihm ist seine Fleischigkeit, die aber nicht übermächtig, sondern kompakt und elegant wirkt.

Die Familie Kollwentz ist immer vorne dabei, wenn es um Weinkultur im Burgenland geht. Andi Kollwentz und sein Vater Anton sind aktuelle Gegenwart und lebendige Weingeschichte in allen Weinfarben Weiß, Rot und Süß. Die launigen Anekdoten, die Anton über sein Weinleben erzählt, sind ebenso sympathisch wie aufschlussreich.

Kaum ein anderer Sauvignon blanc konnte den großen Steirern derart oft den Rang ablaufen. Er ist das Ergebnis eines idealen Zusammenspiels von Lage, Rebsorte und Winzern, die diese Gegebenheiten verstehen und perfekt damit umgehen.

Kollwentz Römerhof | Hauptstraße 120 | 7051 Großhöflein |
Tel. +43/2682/651580 | www.kollwentz.at | kollwentz@kollwentz.at

LEITHABERG | WEINGUT LICHTENBERGER-GONZÁLEZ

69 Mit Butz und Stingel
Muskat Ottonel ***

Frühe Reife und milde Säure – in den kühlen Jahrzehnten des 19. und 20. Jahrhunderts war Muskat Ottonel der Hit! Bekömmliche, aromatische Weine waren sehr beliebt, und die aus Frankreich stammende Kreuzung von Gutedel und Muskat d'Eisenstadt aka Muskat Ingram genoss große Verbreitung im pannonischen Klimaraum.

Heute schlägt die Klimaerhitzung gnadenlos zu. Höhere Temperaturen, Trockenheit und verfrühte Reife machen es unglaublich schwierig, einen Muskat Ottonel zu erzeugen, der nicht plump, restsüß und langweilig ist. Niemand mehr pflanzt die Sorte aus, deren Säuregehalt so rasch in den Keller sinkt. Im Gegenteil, Muskat-Ottonel-Reben werden eher gerodet und oft durch andere Muskat-Sorten ersetzt. Noch etwa 300 Hektar Muskat Ottonel gibt es.

Das spanisch-österreichische Önologen-Paar Adriana González und Martin Lichtenberger fand es aber viel zu schade, die uralten, vom Großvater gesetzten Muskat-Reben herauszureißen, und überlegte sich eine eigene Strategie für mehr Frische und Trinkfluss. Nach einer frühen Lese vergären die beiden ihren Muskat Ottonel »Whole Bunch« – zehn Tage lang »mit Butz und Stingel«. Das heißt, nicht nur die Beerenschalen, sondern auch die braunen, verholzten Traubenstiele sind bei der Maischegärung beteiligt. Aus braunen Stielen werden nämlich keine grünen, sondern reife Gerbstoffe herausgelöst, und diese Tannine verleihen dem Wein ein Plus an Struktur und einen Erfrischungsfaktor.

Ausgebaut im gebrauchten kleinen Fass und minimal geschwefelt, strahlt der Wein das lebhafte spanische Temperament von Adriana und zugleich die zurückhaltende, reflektierte Art von Martin aus. Leicht naturtrüb und knochentrocken, überzeugt er mit kernigem Biss und wunderbarer Säurebalance, ohne aufdringliche Muskat-Noten, dafür mit feiner Kräuterwürze, Orangenschalen und Rosenholz. Schlichtweg eine rare Köstlichkeit.

Weingut Lichtenberger-González | Seestraße 42 | 7091 Breitenbrunn | Tel. +43/664/3426811 | www.lichtenbergergonzalez.at | office@lichtenbergergonzalez.at

70 Auferstanden

Chardonnay Ried Bergschmallister Leithaberg DAC ***

Dass aus Chardonnay und seiner Rebsorten-Verwandtschaft entlang des Leithagebirges dank seiner kalkreichen Böden weit mehr als liebe Allerweltsgetränke werden können, wurde oft gezeigt. Mit dem Jahrgang 2015 tauchte dann Chardonnay Bergschmallister von Hans Nittnaus auf, der die Möglichkeiten für diese Rebsorte bis in die letzte Ziselierung ausreizt. Die Trauben wachsen am nördlichen Ende der Hügelkette nahe Jois am Fuße der Riede Tannenberg auf einem mit Kalk überlagerten Schieferboden. Geschmacklich bietet er ein mineralisches Erlebnis der Sonderklasse, das im Englischen mit dem Begriff »vibrant« beschrieben werden kann, der bitte nicht nur mit einem plump verkürzenden »vibrierend« zu übersetzen ist. Hat man alle seine Formen von Mineralität durchdrungen, stößt man auf einen saftigen Kern, der endgültig klarmacht, zu welch Eigenständigkeit und Tiefe diese Rebsorte dort fähig ist. Sollten daran noch Zweifel bestehen.

Hans »John« Nittnaus aus Gols ist das Mastermind hinter sehr vielem, das sich im Nordburgenland entwickelt hat. 1994 war er Gründungsmitglied der Golser Pannobile-Gruppe. 2006 expandierte er an den Leithaberg, um mit anderen Golsern und Leithabergern an der Erweckung der bis dato zart schlummernden Region mitzuwirken. Was die ursprüngliche Gruppe dort auf die Beine stellte, wurde mittlerweile zu einer gut funktionierenden Leithaberg DAC für das gesamte Gebiet weiterentwickelt. Bergschmallister ist ein weiterer Baustein in seinem Lebenswerk, zu dem auch ein Musikstudium und die Liebe zum Jazzpiano gehören. Seine Kinder sind mittlerweile in den Betrieb eingebunden, Sohn Martin macht gute Figur mit seiner Serie »Manila«.

Ist kein Bergschmallister zur Hand, tut es übrigens auch Chardonnay Freudshofer, der von der dem Bergschmallister gegenüberliegenden Hügelseite kommt – purer Kalk im Boden, runder, andere Saftigkeit im Geschmack, dieselbe Güte.

Anita & Hans Nittnaus | Untere Hauptstraße 49 | 7122 Gols | Tel. +43/2173/2248 | www.nittnaus.wine | office@nittnaus.at

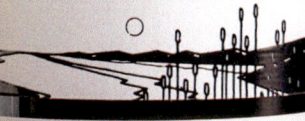

LEITHABERG & RUST | WEINGUT PRIELER

71 Eleganz der Schlichtheit
Pinot blanc Leithaberg DAC **

Eleganz und Harmonie in Perfektion schmeckt man in Georg Prielers Leithaberg DAC aus Weißburgunder (Pinot blanc). Der Wein sitzt wie ein exakt geschnittenes Kleidungsstück aus feinem Stoff, ohne modisches Chichi, dafür stilvoll und sorgfältig genäht. Weißburgunder ist das exakte Gegenteil einer Modesorte, aromatisch unauffällig, weshalb er gern übersehen wird. Und doch können aus ihm die tiefgründigsten, hochklassigsten Weine entstehen.

Die Trauben für Leithaberg DAC kommen aus zwei unterschiedlichen Rieden, die sich perfekt ergänzen. Der Hauptanteil stammt von Haidsatz, einem Kalksockel auf einer Schieferplatte, offen nach dem kühlenden Nordosten. Ein kleinerer, dafür umso älterer Teil wächst am Seeberg, einem Plateau, das auf einem massiven Kalkunterbau ruht, der Wasser aufsaugt wie ein Schwamm. Dazu kommen Wärme durch die Sonneneinstrahlung und Wind, der alles wieder abkühlt. Die Trauben aus den Seeberg-Parzellen wurden noch vom Großvater vor 60 und vom Urgroßvater vor 90 Jahren gepflanzt. Vergoren und ausgebaut wird in Edelstahl und im 500-Liter-Holzfass.

Eine Sorte wie Weißburgunder braucht einen gediegenen Winzer, der wertschätzend, was er da in Händen hält, das Seine dazutut – oder auch weglässt –, um diese zarten Eigenschaften zur Geltung kommen zu lassen.

Georg Prieler stammt aus einer illustren Winzer-Familie. Sein Vater Engelbert zählte mit Ernst Triebaumer zu den Blaufränkisch-Pionieren, die bereits in den 1980ern trommelten, dass Blaufränkisch zu Großem fähig sei. Georgs Schwester Silvia war entscheidend an der Entwicklung von Leithaberg DAC beteiligt. Sie beschloss jedoch, in ihren studierten Beruf als Mikrobiologin zurückzukehren, sodass Georg nun allein verantwortlich ist.

Von der Ried Seeberg kommt auch ein im Stahltank vergorener Lagen-Weißburgunder, der hier in einem Streich mitempfohlen wird. Und – Prieler kann natürlich auch Rot auf höchstem Niveau!

Weingut Prieler | Hauptstraße 181 | 7081 Schützen am Gebirge |
Tel. +43/2684/2229 | www.prieler.at | weingut@prieler.at

72 Wie eine Fata Morgana

Grüner Veltliner Burgenland *

Grüner Veltliner ist wenigstens zum Teil auch Pannonier, denn einer der Elternteile der Rebsorte kommt aus dem jüngsten Bundesland Österreichs. In St. Georgen am Leithagebirge entdeckte man im Jahr 2000 einen uralten Rebstock, der sich nach gentechnischen Untersuchungen mit größter Wahrscheinlichkeit als der abgängige Kreuzungspartner entpuppte. 2012 fiel dieser Rebstock einem Vandalenakt zum Opfer, war aber bereits vorher vermehrt worden, sodass 2015 der erste Versuchswein aus der St.-Georgen-Rebe gewonnen wurde.

Ganz rühmlich scheint die Rolle des Veltliners im Burgenland jedoch nicht immer gesehen zu werden – hätte er doch, nachdem Westungarn 1921 per Volksabstimmung zu Burgenland wurde, den historisch dominierenden Weißen, den Furmint, verdrängt. Mit etwas mehr als zehn Prozent ist Veltliner hier und heute die weiße Nummer eins knapp vor Welschriesling. Dank der pannonischen Wärme fällt er generell etwas ausladender aus. Was nicht weniger spannend ist, wenn er aus guten Händen kommt.

Günter Schönberger war in seinem ersten Leben Saxofonist der Band Erste Allgemeine Verunsicherung (EAV) und gründete 1991 sein Weingut. Er lernte den Ort Mörbisch bei einigen Auftritten kennen und im Laufe vieler Weinreisen mit seiner Frau Michaela lieben. Mittlerweile wird er von seinen Kindern, Johanna und Jakob, unterstützt. Die Familie bewirtschaftet das Weingut von Beginn an biodynamisch aus tiefster Überzeugung.

Veltliner Burgenland ist Gebietswein-Klasse, jedoch vergoren und ausgebaut in gebrauchten Barriques, was immer noch gern, aber unnötigerweise als Tabubruch gesehen wird. Die flirrende Erscheinung bezaubert hier mit einem verspielten burgenländischen Twist – frischen Aromen nach reifen gelben Äpfeln, unterlegt mit feiner Körnerwürzigkeit nach Koriander, Pfeffer und Piment sowie einer tiefen Struktur, die nicht viele Veltliner in dieser oft sehr vordergründigen Liga aufzuweisen haben.

Weingut Schönberger | Hauptstraße 82 | 7072 Mörbisch am See | Tel. +43/2685/8266 | www.weingut-schoenberger.com | ente@schoenberger.eu

73 Erhebende Süße

Ruster Ausbruch »Auf den Flügeln der Morgenröte« ****

Dass Ruster Wein für die Ruster bis heute etwas Besonderes ist, verwundert angesichts der Geschichte nicht sehr (siehe Nr. 65). Heidi Schröck trägt, seit sie 1983 das Weingut übernommen hat, viel zu dieser Besonderheit Rusts bei. Lebensfroh und selbstbewusst, wie sie ist, verkündete sie immer schon freudig, »Weinbäuerin« zu sein, als viele andere noch von »Bauern« zu »Winzern« wurden. Neben dem Weinmachen rief sie mit Birgit Braunstein »11 Frauen und ihre Weine« ins Leben und war bis 2002 auch Präsidentin des Cercle Ruster Ausbruch, den sie 1991 ebenfalls mitbegründet hatte. Der Verein, dem aktuell zehn Betriebe angehören, hat sich der Pflege des Ruster Ausbruchs verschrieben.

Der Name ihres hedonistischsten Süßweins, »Auf den Flügeln der Morgenröte«, basiert auf Psalm 139, den sie einmal in einem Gottesdienst hörte. Er beschreibe diesen Wein genau, so Schröck. Sobald man den Tropfen im Mund hatte, werden sich auch Nicht-Bibelfeste an den Namen erinnern und an seiner Balance, Kraft und dem ausgeprägten, für Ruster Ausbruch typischen Süße-Säure-Spiel erfreuen. Ausgebaut in großen und kleinen Akazienfässern, ist er eine nicht enden wollende Geschmacksbombe mit Pikanz, eingebettet in elegante, cremige Textur. Basis ist Welschriesling, der oft solo verwendet wird, in manchen Jahrgängen auch Weißburgunder, Muskateller oder seltener Grauburgunder und Furmint als Beigabe bekommt. Letztgenannter findet sich übrigens solo in einem weiteren Ausbruch »Ried Turner«.

Anregungen zum Thema Speisenkombinationen kann man sich direkt auf Schröcks Etiketten holen, die eine große Freundin davon ist, Süßwein auch mit anderem als Fruchtdessert oder Blauschimmelkäse zu kombinieren. Abgebildet sind Lebensmittel, zu denen Schröck speziell diesen Wein empfiehlt. Wenn also Lamm oder Artischocken zu sehen sind, darf man dies auch genauso verstehen. Lasset Phantasie walten, oh Hobbyköche!

Heidi Schröck | Rathausplatz 8 | 7071 Rust | Tel. +43/2685/229 | www.heidi-schroeck.com | heidi@heidi-schroeck.com

74 Legendär

Blaufränkisch Ried Mariental ****

Die Entwicklung des Blaufränkischen ist diesem Wein von Ernst Triebaumer vom Jahrgang 1986 zu verdanken, der 1988 auf den Markt kam. Der Weinskandal war gerade abgewettert. Langsam und mit großer Ungewissheit glaubte man, dass in Weißwein-Österreich auch in puncto Rotwein etwas gehen könnte. Parallel dazu wurde das Bordeaux-zentrierte Jahrzehnt eingeläutet, das nur durch ein paar Supertoskaner und einige Überseeweine in Frage gestellt wurde. Und mittendrin räumte ein Ruster Blaufränkisch Preise ab und behauptete sich länger als erwartet.

Triebaumer betonte immer wieder, dass Blaufränkisch zu Großem fähig sei, was damals im Gewirr von »Österreichs Roter hat zu schmecken wie ...« verhallte. Das änderte sich nach der Jahrtausendwende mit Initiativen wie »Blaufränkisch unplugged« und führte nach gut 30 Jahren zum heutigen Standing einer international immer breiter anerkannten Rebsorte, die unterschiedliche Terroirs als Wein ausdrücken kann und lagerfähig ist.

Heute gibt es Ried Mariental und Ried Marienthal, aus ein und derselben Lage zwar, allerdings aus zwei Gemeinden, Rust und Oggau, deren Grenze die Riede teilt. Geologisch ist Marient(h)al recht einheitlich, ein Korallenriff im Urmeer, was den enorm hohen Muschelkalkanteil erklärt, ideal für Blaufränkisch, der in unterschiedlicher Exposition wächst.

Mariental hat samtiges Tannin wie in edler Bitterschokolade, das, je gereifter man ihn trinkt, feiner integriert ist. Er ist würzig unterlegt, mit verspielter rot- und dunkelbeeriger Frucht wie Maulbeeren und Himbeeren und unendlicher Länge. Die Würzigkeit erinnert in jungen Jahren an Kräuter, wird mit Reife zu Körnerwürze, später zu Waldboden und Laub. Der Stil von Triebaumers Mariental veränderte sich in diesen Jahrzehnten, wurde radikaler, vor allem puristischer, wie auch die Familie selbst, die ihr Tun mittlerweile in ein ökologisches Gesamtkunstwerk eingebettet hat.

Familie Triebaumer | Raiffeisenstraße 9 | 7071 Rust | Tel. +43/2685/528 | www.triebaumer.com | office@ernst.triebaumer.com

75 Reben-Schmuggel
Furmint Ried Vogelsang ***

Lediglich drei alte Lieder beherrschte der Großvater auf dem Tárogató, einem traditionellen ungarischen Holzblasinstrument. Die reichten aber als Ablenkung bei der Grenzkontrolle am Eisernen Vorhang zwischen Österreich und Ungarn im Jahr 1984 völlig aus. Die Grenzwache empfahl dem musizierenden Großvater entsetzt, mit dem Spielen der im Kommunismus verbotenenen ungarischen Volkslieder aufzuhören – und winkte ihn mit seinem Sohn ohne weitere Kontrolle durch. So schmuggelten Michael Wenzels Vater und Großvater Edelreiser von Furmint über eine an sich geschlossene Grenze. Vom Potenzial dieser in Vergessenheit geratenen Rebe – einst eine der wichtigsten Weißweinsorten der Donaumonarchie – waren die Wenzels nämlich überzeugt und pflanzten den ersten Furmint-Weingarten in Rust 1985 wieder aus.

Michael, der heute in zwölfter Generation das Weingut führt, sagt von sich: »Die Weinphilosophie habe ich in Frankreich gelernt, das Weinhandwerk in Neuseeland, an das Weinpotenzial im Burgenland glaube ich.« Der Winzer schätzt die autochthone Sorte nicht weniger als seine Vorfahren, machte sie zu seinem Aushängeschild und keltert zum Niederknien guten trockenen Furmint. »Es gibt nicht viele Sorten, die im warmen Klima des Burgenlands so eine Frische halten können. Furmint reift spät und langsam – ideal«, schwärmt der Sorten-Spezialist.

»Aus dem Quarz« heißt sein feiner, erfrischender Einstiegs-Furmint, mehr Stoff bieten die Lagen »Vogelsang« und »Garten Eden«. Der Vogelsang stammt von der ursprünglichen Furmint-Pflanzung des Vaters. Auf dem Etikett ist der Blaue Quarz abgebildet, der in den Gneis- und Glimmerschieferböden immer wieder zum Vorschein kommt. Der Wein besitzt eine kühle Frucht, tritt ohne Kitsch auf, ist würzig, lebendig und kompakt. Er besitzt Spannung, Kern und Länge. An die zehn Hektar Furmint gibt es nun wieder in der Gegend um Rust, Tendenz steigend.

Weinbau Wenzel | Hauptstraße 29 | 7071 Rust | Tel. +43/2685/287 | www.michaelwenzel.at | office@michaelwenzel.at

Burgenland
Mittelburgenland

Das Mittelburgenland, dem man immer »Blaufränkischland« und »schwere Lehmböden« um die Ohren gehauen hat, ist variantenreicher, als man glaubt. Die schweren Lehmböden, die man dem Gebiet überall nachsagt, gibt es zwar, aber nicht ausschließlich. Die Gegend rund um Neckenmarkt ist ausgesprochen steinig. Und auch rund um Lutzmannsburg finden sich Gneis, kristalline Schiefer und selbst kleine Flecken vulkanischen Ursprungs. Abgesehen davon, dass schwere Lehmböden in trockenen Jahren ein Segen sind, da sie den wenigen Regen aufsaugen wie ein Schwamm und weitaus länger damit haushalten können als beispielsweise Schotter oder andere, durchlässigere Bodenarten.

Der Neusiedlersee spielt hier klimatisch kaum mehr eine Rolle, obwohl dessen Wasserfläche kaum 20 Kilometer Luftlinie entfernt ist. Viel Wald am westlich gelegenen Bergzug Wechsel kühlt die pannonische Wärme aus dem Osten ab. All das ist eingebettet in die Hügellandschaft des Ödenburger Gebirges, die viele Unterschiede in Exposition und Höhenlage der Weingärten ausspielen kann.

Früher nannte es sich Blaufränkischland, was aber mittlerweile in seiner Gewichtung ebenfalls zart überholt ist. Richtig ist, dass rote Sorten gut 90 Prozent Anteil an den 2.100 Gesamt-Hektaren des Weinbaugebietes haben. Richtig ist ebenfalls, dass Blaufränkisch ein zentrales Thema hier ist, aber auch Zweigelt und internationale Sorten wie Cabernet Sauvignon oder Merlot spielen in wichtigen Rollen mit. Und dass die Gegebenheiten ausschließlich schwere, alkoholreiche Weine zulassen, versuchen wir nicht zuletzt mit unserer Auswahl zu widerlegen.

76 Ungeschwefelt geht

Blaufränkisch Natur ***

Um den Schwefel im Wein entbrannte schon manch heiße Diskussion. Viele halten ihn für unverzichtbar, andere für unbekömmliches Teufelszeug. Fest steht, echte Schwefelallergien sind äußerst selten, leichte Unverträglichkeiten kommen aber vor. Die konservierenden Eigenschaften waren bereits in der Antike und im alten China bekannt, noch heute machen Schwefeldioxid und Sulfite Wein, Trockenfrüchte und andere Lebensmittel haltbar.

Dennoch, immer mehr Winzer streben danach, im Keller mit minimalen Eingriffen und minimalen Zusätzen auszukommen. Bei Trauben in perfekter Qualität reduzieren sie die Schwefelgabe oder lassen sie mitunter ganz weg. Insgesamt nimmt die Zahl an »ungeschwefelten« Weinen zu, wobei es – spitzfindigerweise – »schwefelfreie« Weine nicht gibt. Eine sehr kleine Menge an Schwefel entsteht nämlich schon durch die Hefen bei der alkoholischen Gärung.

Daniel Bauer-Pöltl, mittelburgenländischer Biowinzer seit 2007, ließ sich erstmals im Jahrgang 2011 auf das Thema ein und hielt einen »ungeschwefelten« Blaufränkisch damals selbst »für eigentlich unmöglich«. Dennoch verzichtete er bei einem Teil seines Top-Blaufränkisch »Altes Weingebirge Premium« auf die Schwefelung und füllte diesen Wein nach 18 Monaten Lagerzeit auf der Hefe ohne Filtration und ohne Schwefelzusatz ab. Das Ergebnis überzeugte nicht nur ihn selbst, sondern fand reichlich Fans, und die Naturwein-Linie des Weinguts ist seither um einen Grünen Veltliner, einen Rosé, einen leichten Rotwein und einen Sekt brut nature gewachsen.

Der Blaufränkisch »Natur« stammt von 50-jährigen Reben auf den typischen schweren Lehmböden des Mittelburgenlandes. Zwischen rot- und dunkelbeeriger Frucht zeigt er Vielschichtigkeit und Dichte, hält mit saftiger Säure elegant und präzise die Balance. Nicht überkonzentriert, nicht überextrahiert, nicht überholzt – so schön und authentisch kann Mittelburgenland sein.

Weinhof Bauer-Pöltl | Brunnenweg 1 | 7312 Horitschon-Unterpetersdorf | Tel. +43/2610/43226 | www.bauerpoeltl.at | weinhof@bauerpoeltl.at

MITTELBURGENLAND | GOBER & FREINBICHLER

77 __ Charakterstudie
Neckenmarkt Blaufränkisch **

In diesem Wein steckt die Essenz der Neckenmarkter Weingärten – sagen die Winzer. Die muss man probiert haben – sagen wir. Denn das Terroir von Neckenmarkt ist schmeckbar anders. »Mit dem Mittelburgenland assoziiert man viel Sonne, lehmige Böden und schwere Weine – das ist alles. Wir wollen zeigen, dass es auch bei uns Vielfalt gibt, zum Beispiel mit dem Ortswein Neckenmarkt«, erklärt Gerald Freinbichler vom Duo Gober & Freinbichler.

Die Umsetzung des vierstufigen Konzepts »Gutswein – Gebietswein – Ortswein – Lagenwein« macht das noch junge Weingut im Mittelburgenland zu einem Vorreiter. Das in anderen Weinbaugebieten bereits etablierte Herkunftssystem wolle man durchziehen, und Gerald betont: »Ihren Ortscharakter spiegeln Neckenmarkt und Horitschon, unsere beiden Ortsweine, ganz deutlich wider. Neckenmarkt ist immer leichtfüßiger und früher antrinkbar als Horitschon, der etwas Zeit braucht, bis er seine Vielschichtigkeit zeigt.« Bodenunterschiede gelten als Ursache. Während die Horitschoner Lagen von Lehmböden geprägt sind und kraftvolle, dunkelbeerige, dunkelwürzige Blaufränkisch-Weine hervorbringen, dominieren in den Neckenmarkter Weingärten kargere Böden mit Schiefer und Gneis im Untergrund. Sie bieten optimale Voraussetzungen für Blaufränkisch mit Mineralität, Eleganz und pikantem Trinkfluss.

Der Horitschoner Dominik Gober und der Salzburger Sommelier Gerald Freinbichler sind ein eingespieltes Team und bringen die feinen Terroirunterschiede hervorragend in die Flasche wie auch in den Verkauf. Beide hatten 2008 begonnen, für Franz Weninger zu arbeiten – der eine im Keller, der andere im Vertrieb. Sieben Jahre später beschlossen sie, gemeinsam etwas aufzubauen und in Horitschon einen eigenen Betrieb zu gründen – und sie haben noch viel vor: Die Rebfläche von 3,5 Hektar, auf aktuell 30 verschiedenen Parzellen, wird sich in den kommenden Jahren verdoppeln.

Gober & Freinbichler | Bachgasse 10 | 7312 Horitschon | Tel. +43/650/9136747 | weinevonhand.at | buero@weinevonhand.at

78 — Pannonien on my mind
Blaufränkisch Lutzmannsburg Alte Reben ****

Das Pannonische hat es Roland Velich angetan, das Burgenland und in Erweiterung auch Ungarn: »Es ist ein uralter Kulturraum, der unglaublich vielfältig und spannend ist.« Vor diesem Hintergrund entwickelt er seine Ideen und Projekte rund um Blaufränkisch, an dem er schätzt, dass es ihn hier schon so lange gibt. »Die Rebsorte hätte sich nicht durchgesetzt, wenn sie nicht über eine sehr lange Zeit die höchste Qualität geliefert hätte, unter diesen Bedingungen hier.« Velich war und ist überzeugt, dass Blaufränkisch »delikate Spitzenweine« möglich macht. Die Eigenheit dieser Rebsorte, langsam und spät auszureifen, mache Finesse, beste Gerbstoffqualität möglich und sorge für Langlebigkeit.

Velich ist ein Herkunftsfetischist. Er sucht nach abgelegenen Orten, die erst auf einen zweiten Blick besonders sind, wie der Neckenmarkter Schiefer und Lutzmannsburg mit vulkanischen Elementen im tiefsten Untergrund, von Gneis und kristallinem Gestein überlagert. Velich keltert hier Weine aus alten Anlagen, die den vorherrschenden, üppigen Blaufränkisch-Stil in Frage stellten. Lutzmannsburg Alte Reben aus Trauben von 80 bis 120 Jahre alten Rebstöcken an der Spitze der Moric-Serie ist ein feinsinniger, engmaschiger Blaufränkisch mit feinkörnigem, saftigem Tannin, zarter Pikanz und dunkler, frischer Frucht, der 20 Jahre und länger perfekt bleiben kann.

Jagini ist eine Kooperation gleichen Gedankenguts mit Hannes Schuster (siehe Nr. 79) in Zagersdorf an der Grenze zu Ungarn. Die Trauben für die feingliedrigen Jagini-Weine kommen aus Weingärten auf Lehm, Ton und Sand, teils 1928 gepflanzt. Für sein jüngstes Projekt »Hidden Treasures« tat sich Velich »als eine Art Kurator« mit ungarischen Winzern zusammen, die in historischen Gebieten wie Somló, am Balaton oder in Tokaj Weine machen, die sich an den jeweiligen Traditionen orientieren. Stefan Wellanschitz mit Kolfok, beheimatet in Neckenmarkt, gehört ebenfalls dazu.

Moric – Roland Velich | Kirchengasse 3 | 7051 Großhöflein | Tel. +43/664/4003231 | www.moric.at | office@moric.at

79 Der mit St. Laurent kann
Sankt Laurent Zagersdorf ****

Diese Rebsorte versteht Hannes Schuster wie nur wenige andere. Das fiel bereits auf, als seine Mutter, die resolute Winzerin Rosi Schuster, ihn ganz jung mit seinem ersten eigenen Wein bei einer Präsentation vorstellte. Sein St. Laurent war das genaue Gegenteil des erwarteten kraftvollen Schuster-Stils, und er schmeckte beeindruckend gut.

Seit 2005 ist Hannes für das Weingut verantwortlich, das noch immer nach seiner Mutter heißt. Doch er hat eine völlig neue Richtung eingeschlagen.

St. Laurent und Blaufränkisch sind seine wichtigsten Sorten, die Weingärten in St. Margarethen, Donnerskirchen, Rust und Zagersdorf haben unterschiedliche Terroirs, auf die er voll und ganz eingeht und die er herausarbeitet. Bewirtschaftet wird biologisch (zertifiziert) mit nur den allernötigsten Eingriffen im Keller.

Für St. Laurent braucht es Verständnis und Gefühl im Handling. Er ist nicht der Einfachste im Weingarten, belohnt dafür mit komplexwürzigen, gut strukturierten Weinen, die dem Burgundischen weit näher sind als allem anderen. St. Laurent wird nicht unendlich hoch in der Zuckergradation und bringt es so erfreulicherweise auf maximal mittelkräftigen Alkohol. Mehr braucht er auch nicht, um seine Fähigkeiten ausspielen zu können. Zagersdorf ist eine lebendige, rare Schönheit an St. Laurent von Lehm, Sand und Kalkböden, einfach umwerfend, voller saftiger dunkler Frucht in feinwürziger Umgebung, die nach Waldboden duftet. 2016 wurde die ohnehin nicht überbordene normale Menge von etwa 700 Litern durch Frost im Frühling noch einmal dezimiert. Ein neuer Jahrgang wird kommen.

Hannes Schuster ist ein zurückhaltender Mensch, der lieber denkt als redet und auch nicht sprühend und scherzend über seine Weine erzählt. Er schenkt ein und schaut einem zu. Möchte man sich mit ihm unterhalten, wird man selbst die Initiative ergreifen müssen. Es lohnt sich.

Weingut Rosi Schuster | Prangergasse 2 | 7062 St. Margarethen | Tel. +43/2680/2624 | www.rosischuster.at | weingut@rosischuster.at

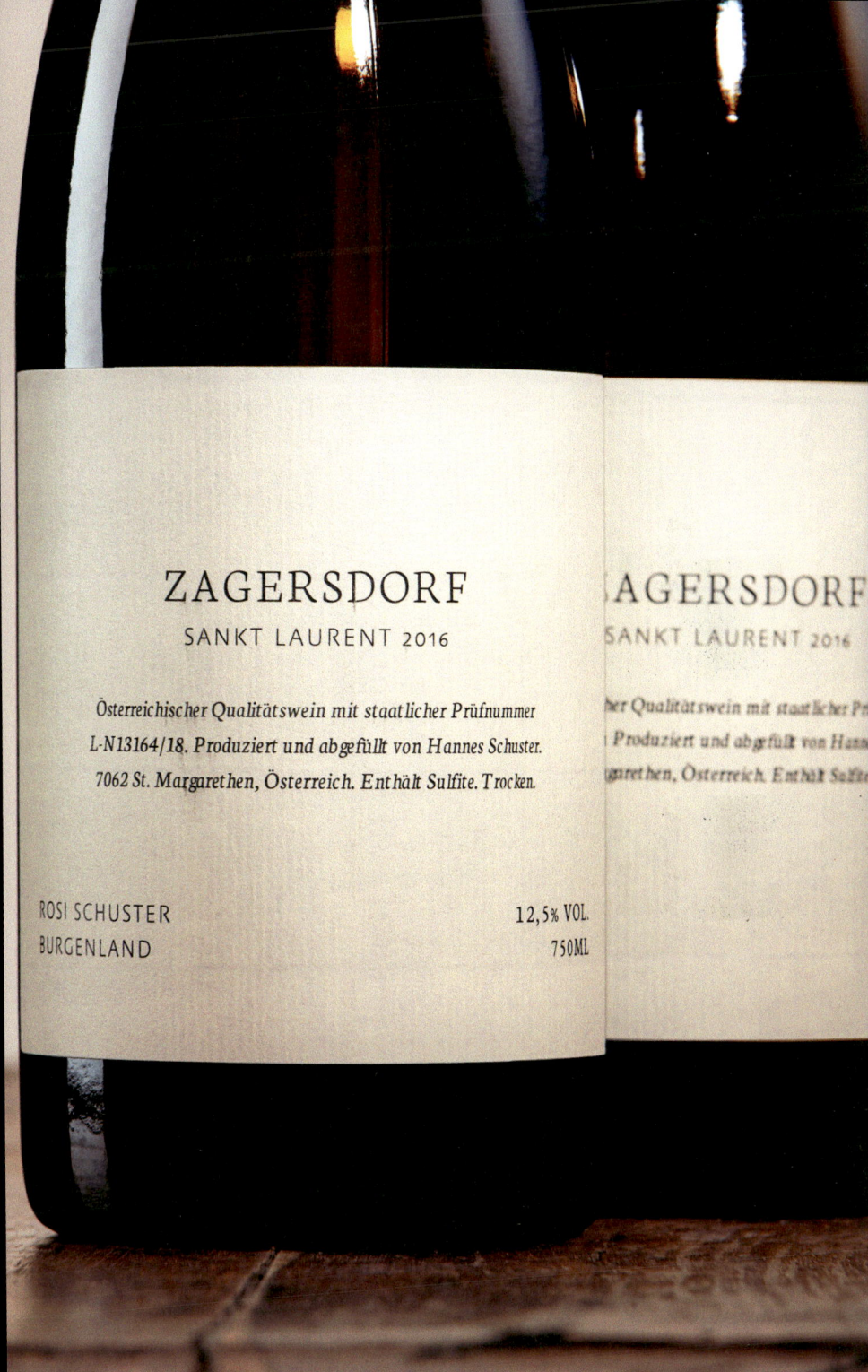

MITTELBURGENLAND | WEINGUT WELLANSCHITZ

80 Auf sie mit Gebrüll!

Neckenmarkter Fahnenschwinger Blaufränkisch Alte Reben **

Kraft und Geschicklichkeit braucht der »Fähnrich« noch heute zum Schwingen der drei Meter langen und 35 Kilogramm schweren Fahne, deren Ursprung in der Zeit des Dreißigjährigen Krieges liegt. Als im Jahr 1620 ungarische und böhmische Aufständische das nahe Schloss Lackenbach angriffen, eilten die Neckenmarkter Bauern – bewaffnet mit Sensen, Spießen und Heugabeln – dem kaisertreuen Grafen Nikolaus Esterházy beherzt zu Hilfe. So konnten die zahlenmäßig unterlegenen Entsatztruppen des Kaisers die Schlacht von Lackenbach gewinnen.

Die tapferen Neckenmarkter erhielten als Dank nicht nur Weinbauflächen, sondern 1622 auch »das kaiserliche Privileg der Fahne«. Im Gedenken an die wehrhaften Vorfahren findet das »Neckenmarkter Fahnenschwingen« bis heute jeden Sonntag nach dem katholischen Fronleichnamsfest statt. Ledige Männer in historischen Uniformen ziehen dann, begleitet von der Musikkapelle, durch das ganze Dorf, und der Fähnrich lässt die weiße, mit einer Goldborte eingefasste Fahne mehrmals kunstfertig über seinem Kopf kreisen.

Das Weingut Wellanschitz füllte bereits Mitte der 60er Jahre einen Blaufränkisch unter der Marke »Fahnenschwinger«, um dem Wahrzeichen von Neckenmarkt Tribut zu zollen. Diese Tradition haben Stefan, Christine und Georg Wellanschitz vor einigen Jahren wiederbelebt, und mehrere Neckenmarkter Weingüter verwenden nun die typische Flasche mit der Fahnenschwingerprägung. Der »Fahnenschwinger« soll ein möglichst puristischer Blaufränkisch sein, und bei Wellanschitz stammen die Trauben für den im großen Holzfass ausgebauten Rotwein von über 50 Jahre alten Reben. Der karge Glimmerschiefer der Riede Hochberg verleiht ihm Würze, Mineralität und feine Balance – ein urtypischer Neckenmarkter. Die UNESCO nahm das »Neckenmarkter Fahnenschwingen« 2018 in das Verzeichnis des immateriellen Kulturerbes Österreichs auf.

Weingut Wellanschitz | Lange Zeile 28 | 7311 Neckenmarkt |
Tel. +43/2610/42302 | www.wellanschitz.at | info@wellanschitz.at

MITTELBURGENLAND | FRANZ WENINGER

81 Rage against the Machine
Kalkofen Blaufränkisch ****

Franz Weninger ist bekennender Handleser. Weinfreunde mögen das für selbstverständlich halten, weil sie mit einer Weinlese ganz automatisch das Bild fröhlich plaudernder Menschen, die in sonnigen Weingärten Trauben abschneiden, verbinden. Die Realität sieht oft anders aus – Erntemaschinen liefern rasch und kostensparend Lesegut in immer besserer Qualität. Auch die mäßig steilen Lagen des Mittelburgenlandes eignen sich für den Einsatz von Lesemaschinen.

Für die »altmodische« Handlese tritt Franz aus vielen Gründen ein. Zum Beispiel, weil die Funktionsweise der Maschinen eine starke Belastung für die Reben darstellt: Erst extremes Rütteln und Schütteln der ganzen Pflanze trennt die Beeren vom Stielgerüst. Weil das Befahren mit den schweren Maschinen den Boden verdichtet und das Bodengefüge zerstört. Weil das Miteinander bei der Weinlese ein gesellschaftliches Ereignis ist, das der Winzer keinesfalls missen will.

Nach einer heißen Diskussion in den sozialen Medien zu »Handlese vs. Maschinenlese« entschloss sich Franz zu einem klaren Statement mittels T-Shirt – unmissverständlich der Schriftzug »Rage against the Machine« und die erhobene Hand mit Rebschere. Kollegen mit ähnlichen Ansichten fanden die Idee super und begannen ebenfalls das coole T-Shirt zu tragen, das sich rasant verbreitete.

Die Lese von Hand ist nur ein Aspekt der biodynamischen Philosophie, nach der Franz seine brillanten Terroirweine macht – sowohl auf der österreichischen als auch auf der ungarischen Seite. Inbegriff von Finesse, Tiefe und Eleganz ist Blaufränkisch von der Riede Kalkofen, umsäumt von Maulbeerbäumen aus dem 18. Jahrhundert und – nomen est omen – extrem kalkhaltig. Der Kalkboden verleiht dem Wein reliefartige Straffheit und mineralischen Grip. Franz sucht die Reduktion auf das Wesentliche – ausgeglichenes Wachstum im Weingarten und das Weglassen von Überflüssigem. So entsteht Präzision.

Weingut Weninger | Florianigasse 11 | 7312 Horitschon | Tel. +43/2610/42165 | www.weninger.com | weingut@weninger.com

Burgenland
Eisenberg

Die geologische Beschaffenheit dieses nur knapp mehr als 500 Hektar großen Weinbaugebietes klingt aufgrund des Namens »Eisenberg« eindimensionaler, als sie tatsächlich ist. »Mit Eisen durchsetzter Lehm«, sagt man der Einfachheit wegen. Doch gibt es dort noch andere Erhebungen, wie den Csaterberg und den Königsberg, deren kristallines Gestein Grünschiefer, Serpentinit oder Kalkphyllit aufweist, oder die Ausläufer nach Süden in den Niederungen mit ihren lockeren sand- und kiesdurchsetzten Böden auf schluffigen Flussablagerungen. Die Blaufränkischen dieser Gegend strahlen jedenfalls vor Eigenständigkeit mit rassiger, fast metallischer Würze und ausgeprägter innerer Spannung. Eisenberg DAC zählt mit Leithaberg DAC zu den stilsichersten Herkunftsregelungen in Österreich. Angesichts der engen Verbundenheit mit dem Blaufränkischen vergisst man nur allzu leicht, dass hier auch einiges an Weißwein vorhanden ist. Es hat eine Youngster-Generation an Winzern gebraucht, um das Potenzial von Welschriesling und Burgundersorten, speziell von alten Anlagen rund um Rechnitz, zu erschließen.

Uhudler ist eine Spezialität aus der südlichsten Ecke dieses Gebietes. Es handelt sich um einen rosafarbenen Wein mit sehr eigenwilligem, erdbeerfruchtig-würzigem Geschmack, gemacht aus Direktträger-Hybriden wie Concord, Delaware, Elvira oder Ripatella, der das geneigte Weinpublikum in glühende Bewunderer und absolute Gegner spaltet. Der Kampf seiner Anhänger um das Überleben des Uhudlers – Direktträger sind in der EU ab 2030 verboten – nimmt jedenfalls auch politische Dimensionen an.

Generell haben die Entwicklungen rund um den Wein und den damit verbundenen Tourismus hier einen Trend umgekehrt: Nicht alle jungen Leute müssen abwandern, um Arbeit zu finden, immer mehr können bleiben.

82 — Der Fuchs in der Flasche
Uhudler Frizzante *

Uhudler ist roséfarbener Wein aus Direktträgersorten wie Concord, Delaware, Elvira oder Ripatella und wächst rund um Heiligenbrunn. Derzeit noch, da aufgrund des Direktpflanzverbotes der EU 2030 Schluss sein soll. Dagegen läuft man im Uhudler-Gebiet Sturm, weil er hier einfach zum Leben gehöre. Vor etwa 100 Jahren ließ man besagte »Amerikanerreben« (*Vitis labrusca* inklusive diverser Hybride) wachsen und verarbeitete die Trauben zu Wein, der stark polarisiert. Seine Fans mögen diesen eigenwilligen Geschmack nach Erdbeeren und Himbeeren, begleitet von einem mehr oder weniger ausgeprägten »Foxton«, mit dem Uhudler-Ablehner gern daran erinnern, dass ein Fuchs (englisch fox) zwar prächtig anzusehen, aber weitaus weniger reizvoll zu riechen ist.

Die Geschichte dieses Weines ist wild bis hin zum gesetzlichen Verbot inklusive Wiederzulassung. Nach vielen Studien erreichte der »Verein der Freunde des Uhudlers«, ihn 1992 wieder im Weingesetz zu verankern. Dann kamen EU-Beitritt und Direktpflanzungsverbot. Die Lösung, um das Auspflanzverbot zu umgehen, war, Uhudler als Obstwein zu deklarieren. Die Vorgaben des Weingesetzes sind auf den Obstwein Uhudler nicht mehr anwendbar. Diskutiert wird in der EU aktuell auch, ob das Verbot von Direktträgern heute noch sinnvoll ist. Die Sorten sind technisch gesehen robust und gegen die Reblaus resistent.

Uhudler gibt es flüssig in allen denkbaren Arten von Wein bis zum Essig. Seine Traubenkerne werden zu Öl gepresst. Als Gelee gehört er zu Käse. Schokodesserts verpasst er fruchtige Noten, und als naturkosmetische Creme soll er Falten glatt bügeln.

Der Frizzante der Familie Herczeg ist ein Prototyp eines sehr guten Uhudlers der modernen Ära, der Wein ist süffig und attraktiv, der Foxton stark gezähmt. Hier drin stecken Liebe zur Sorte und Wissen, wie man mit seinen Eigenheiten umgeht. Ein Verbot lässt sich mit diesem Wein jedenfalls nur schlecht begründen.

Wein Herczeg | Gaas 121 | 7521 Gaas | Tel. +43/664/9186545 | www.weinherczeg.com | office@weinherczeg.co

83 Schieferwürze

Blaufränkisch Ried Saybritz Eisenberg DAC Reserve ***

Der höchste Berg Österreichs ist der berühmte Großglockner. Seine 3.798 Meter ragen natürlich nicht im Burgenland empor, sondern im bergigen Westen des Landes, wo zwar Wein getrunken wird, aber Weinbau kein Thema ist. Hunderte Kilometer weiter östlich macht sich der Alpengipfel trotzdem geologisch bemerkbar. Sein kristalliner Schiefer taucht am Eisenberg im Südburgenland nochmals auf, und damit drücken die letzten Ausläufer der Alpen manchen Weinen ihren Stempel auf.

Der Eisenberg heißt nicht umsonst Eisenberg. Eisenhaltige, oft rot gefärbte Böden und das Schiefergestein verleihen dem gebietstypischen Blaufränkisch einen markanten Charakter mit hohem Wiedererkennungswert. Würze, Säurepikanz, Mineralität und eine oft als »blutig« beschriebene Eisennote prägen die Weine.

Von der Toplage Saybritz keltert der Winzer Thomas Kopfensteiner mit viel Fingerspitzengefühl seinen »persönlichen Herzblut-Wein«. Die steile Riede am Südwesthang des Eisenbergs liegt auf 400 Meter Seehöhe, und die Reben wurzeln in karger Felsbraunerde auf Grünschiefer – ähnlich dem Gestein am Großglockner. Thomas Kopfensteiners geniale Reserve vom Saybritz besitzt nicht nur die charakteristische Würze, Säure und Mineralität, sondern auch eine beeindruckende Engmaschigkeit bei gleichzeitig ungeheurer Filigranität und seidigen Tanninen. Saybritz vermag noch elegantere Weine als die nicht weniger bekannte Nachbarriede Szapary hervorzubringen. Das Portfolio vom Eisenberg komplettiert die Spitzenlage Reihburg.

Die Herkunft Eisenberg ist hervorragend schmeckbar. Blaufränkisch-Liebhaber schätzen den fein strukturierten Weinstil, der nie fett und üppig war, seit langen Jahren. Die Weine können zudem bestens reifen. Dennoch bleiben das kleine Südburgenland und sein Blaufränkisch international wenig bekannt – wenige hundert Hektar Weingärten machen die Weine automatisch zu Raritäten am Weltmarkt.

Weingut Kopfensteiner | Untere Hauptstraße 31 | 7474 Deutsch Schützen | Tel. +43/3365/2236 | www.kopfensteiner.at | weingut@kopfensteiner.at

EISENBERG | WEINBAU SCHIEFER PUR

84 Pionier des Weglassens
Blaufränkisch Ried Szapary »s« *****

Burgenländische Rotweine als dicke Fruchtkonzentrate? Dieser weitverbreiteten Vorstellung der 90er Jahre hatte Uwe Schiefer bereits abgeschworen, als er noch als Kellner und Sommelier in Wiener Top-restaurants arbeitete. Er beschloss, Winzer zu werden und es anders zu machen – nicht wie damals üblich nach mehr Konzentration, mehr Power, mehr Extraktion und mehr Barrique zu streben, sondern Eleganz und Feinheit zu suchen. Sortenpräziser Blaufränkisch mit der Finesse eines Pinot noir schwebte ihm vor.

So stürzte sich Uwe mit großer Leidenschaft in die Weinbergs- und Kellerarbeit und wurde zum Pionier des Weglassens. Weingärten am Eisenberg, einer verschlafenen Gegend unweit der ungarischen Grenze, waren damals günstig zu haben, und er gründete sein Weingut in Welgersdorf im Südburgenland. Das Terroir am Eisenberg bestimmen von diabasischem Chloritschiefer mit hohem Eisengehalt und teilweisem Quarzanteil geprägte Böden. Auf steilen, sonnigen und vor kalten Winden geschützten Lagen entsteht auf rund 110 Hektar eleganter, strukturierter Blaufränkisch mit saftiger Säure. Der Blaufränkisch-Stil vom Eisenberg ist heute in. Dazu hat Uwe, der immer das Konzept eines wohldosierten Holzeinsatzes verstand, mit seinen puristischen Weinen wesentlich beigetragen. Tiefgründigkeit, Komplexität und Finesse lassen sie ganz oben in der Weltklasse mitspielen.

Die 40-jährigen Reben der Riede Szapary liefern zwar nicht Uwes Top-Blaufränkisch – der kommt von der Lage Reihburg –, aber vielleicht den fokussiertesten Wein der Serie – mit enormer Mineralität und Spannung, intensiver Würze und festem Säurerückgrat. Die Weine vergären spontan und reifen in großen Fässern mit viel Zeit auf der Hefe.

Großen Wert legt Uwe auch auf die gebietstypischen Weißweinsorten Welschriesling, Grüner Veltliner und Weißburgunder – und bringt sie ungeschminkt auf Topniveau.

Schiefer & Domaines Kilger | 7503 Welgersdorf 3 | Tel. +43/664/5219047 | www.weinbau-schiefer.at | wein@schiefer-kilger.com

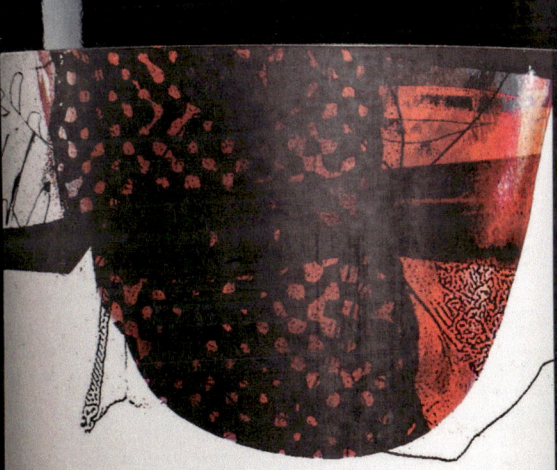

85 Die Unglamourösen
Cuvée »Alte Reben« weiß **

Rechnitz, etwa 25 Kilometer nördlich von Deutsch Schützen und dem Eisenberg, ist das Weißweinzentrum im rot dominierten Südburgenland. Geologisch besteht eine engere Verbindung, hat doch Rechnitz wie der Eisenberg ebenfalls Grünschiefer und Lehm, jedoch weniger Eisen vorzuweisen.

Weinbaumäßig befindet man sich in Rechnitz in einer Hochburg für Welschriesling, der als trockener Weißwein hierzulande kaum jemandem vor Vorfreude den Atem stocken lässt. Er gilt im besten Fall als geradlinig, säuerlich-knackig und frisch. Entwicklungspotenzial oder andere Fähigkeiten, die sich in Rebsortenprofilen gut machen, sind nicht verzeichnet. Nun hat man in Rechnitz halt wirklich viel davon, aber glücklicherweise auch experimentierfreudige Winzer, die sich mit dem lauen Image der Rebsorte nicht abfinden wollten. Sie probierten, ob nicht doch mehr in ihr stecken könnte als süffiger Allerweltswein, und bekamen recht.

Thomas Straka ist einer von ihnen, ein junger Familienvater in Rechnitz, der Welschriesling mag und gern mit den Möglichkeiten der Rebsorte spielt. Den »Welsch« verschnitt er mit 50 Prozent Weißburgunder, von dem man hierzulande zwar weiß, dass er großartig sein kann. Im Endeffekt greift man aber doch lieber zum glamouröseren Chardonnay. Beide Weine, in großen Holzfässern spontan vergoren und ausgebaut, ergeben eine anmutige, perfekt balancierte Cuvée mit intensiver Frische, feinsten Mandel- und Blütenaromen und stoffiger Mineralität. Weißburgunder kommt von Trauben 35- bis 60-jähriger Rebstöcke, gewachsen auf kargen Grünschiefer- und Glimmerschieferböden in der Vorzeige-Lage Prantner.

Thomas Straka und auch einigen anderen fällt zu Welschriesling übrigens noch viel mehr ein. Ein weiteres Highlight ist Strakas Welschriesling Ried Prantner von 80-jährigen Rebstöcken. Ein Thema ist auch Vergärung auf der Maische, die dem Welschriesling übrigens ausgezeichnet steht.

Weinbau Straka | Föhrenweg 4 | 7471 Rechnitz | Tel.+43/664/2016396 | www.weinbau-straka.at | office@weinbau-straka.at

86 Zu Ehren der Großväter
*Blaufränkisch Béla-Jóska Eisenberg DAC **

Adalbert Wachter und Josef Wiesler waren die Großväter der beiden Familien, die durch Heirat den Grundstein für eines der spannendsten Weingüter im Südburgenland legten. Mit ihren offiziellen Vornamen wurden sie allerdings nie gerufen, sondern mit ihren ungarischen Béla und Jóska. Ungarn ist immerhin um die Ecke. 1992 fusionierten die beiden Weinfamilien. Mit dem ersten gemeinsamen Wein beschloss man, die beiden Großväter zu ehren.

Béla-Jóska ist ein reinsortiger Blaufränkisch mit schönem Trinkfluss und war immer als anregender Universalwein gedacht. Die Trauben dafür kommen aus Weingärten in Deutsch Schützen und in Eisenberg. Auch ohne das Adelsprädikat einer Lage vertritt er seine südburgenländische Herkunft äußerst würdevoll: floral-würzige Aromen, leichtfüßig, mit der weichselartigen Säuerlichkeit, die für das Gebiet so typisch ist, angenehm und animierend. Kirschen, Pflaumen und dunkle Beeren paaren sich mit würzigen Aromen, die an feuchten Waldboden und Wacholder erinnern. Ausgebaut wird der Wein »recht altmodisch, spontan vergoren, biologischer Säureabbau, mit minimalem Einfluss im Keller und geringstmöglichem Schwefel«, wie Christoph Wachter erzählt. Er lagert etwa zehn Monate in Holzfässern, die zwischen 600 und 3.000 Liter Fassungsvermögen haben.

In seinen frühen Versionen mag Béla-Jóska vielleicht etwas üppiger gewesen sein. Der Weinstil des Hauses wurde über die Jahre immer feiner. Die Weine sind heute weit weg von jeglicher Opulenz, vor allem seit Christoph Wachter 2010 die Verantwortung übernommen hat.

Ab dem Jahrgang 2018 ist das Weingut biologisch zertifiziert. Béla-Jóska ist der wichtigste Wein des Hauses, nicht nur aufgrund der Menge, sondern auch wegen seiner schönen Geschichte und der Tradition, die darin stecken. Die beiden Herren hatten jedenfalls ihre Freude daran.

Wachter-Wiesler | Untere Hauptstraße 7 | 7474 Deutsch Schützen | Tel. +43/3365/2245 | www.wachter-wiesler.at | wachter@wachter-wiesler.at

87 Schmecke den Berg
Blaufränkisch Eisenberg DAC *

Im kleinen Weinort Deutsch Schützen liegt der Weinhof Weber, mitten in der »Weinidylle«. So nennt sich das Südburgenland nicht umsonst. Wer nach Entschleunigung, Ruhe, Landschaft, Sonne und Natur sucht, sollte hierherkommen – und Blaufränkisch trinken.

Alfred und Helga Weber haben drei Hektar Weingärten lange Jahre mit viel Liebe und viel Handarbeit im Nebenerwerb bewirtschaftet. Nun, da Alfred in Rente ist, hat er noch mehr Zeit für seine Reben, und besonders freut ihn, dass seine Töchter Isabella und Martina – die eine medizinisch-technische Assistentin, die andere Kindergartenpädagogin – zurück zu ihren Wurzeln gefunden haben, eine Weinbauausbildung absolvieren und drauf und dran sind, das kleine Familienweingut zu übernehmen.

Die Weine der Webers sind keine weichgespülten Allerweltsweine, sondern präsentieren sich kompakt, mineralisch und terroirgeprägt. Sehnig und erdig wirkt der Eisenberg DAC mit dunkler Frucht und festem Tanningrip. Die frische Säure ist ein unverkennbares Merkmal seiner Herkunft. In den Deutsch Schützener Weingärten herrschen eisenhaltige Lehmböden mit gutem Wasserhaushalt vor. Klimatische Einflüsse der Adria mildern das kontinental-pannonische Klima. Viel Luftbewegung in den Weingärten und kühle Nächte sichern die gute Säurestruktur sowie das komplexe Aromaprofil des Blaufränkisch.

Das Weber'sche Etikett ziert seit mehr als drei Jahrzehnten ein bogenschießender Kentaur, ein mythologisches Wesen, halb Mensch, halb Stier – in diesem Fall. Das hat geschichtlichen Hintergrund, denn die Darstellung ist einem romanischen Relief nachempfunden, das man bei Ausgrabungen in der Deutsch Schützener Sankt Martinskirche fand. Es zeigt einen Kentaur, der mit Pfeil und Bogen auf einen Drachen zielt. Mitten ins Schwarze getroffen hat jedenfalls derjenige, der auf der Suche nach authentischem Blaufränkisch das Weingut der Familie Weber besucht.

Weinbau Weber | Winzerstraße 23 | 7474 Deutsch Schützen |
Tel. +43/664/7874219 | www.weinweber.at | mail@weinweber.at

… Steiermark

Vulkanland Steiermark

Der Name ist hier wieder einmal Programm. 1.500 Hektar Rebflächen finden sich großteils an den Hängen erloschener vulkanischer Kegel, die aus der sanfthügeligen Landschaft herausragen. Nicht selten sitzen darauf Schlösser wie in Kapfenstein, die heute gern kulinarisch-gastronomisch genutzt werden. Pannonische Wärme aus dem Osten trifft hier auf die illyrische Milde aus dem adriatischen Raum.

Die Böden im nördlichen Teil des Gebietes sind von kristallinen Gesteinen der Ostalpen – Gneise, Glimmerschiefer und Granite – gebildet, während es dem Südosten zu immer schottriger und sandiger wird. Vulkanisches gibt es als Basalt und Tuff.

Wie überall in der Steiermark sind weiße Rebsorten am stärksten vertreten, deren Vielfalt hier auffallender ist als in der benachbarten Südsteiermark. Welschriesling und Weißburgunder liegen statistisch weit vorne, gefolgt von Sauvignon blanc, Müller-Thurgau und Chardonnay. Auch Rotwein in Gestalt von Zweigelt bringt hier respektable Ergebnisse. Eine Vulkanland-Spezialität mit langer Tradition ist Traminer in Klöch, wo 1997 sogar eine Traminer-Weltmeisterschaft stattfand und man bis heute zum althergebrachten, leicht restsüßen Ausbau tendiert. Die Experimentierfreudigkeit mit anderen als den konventionellen Ausbauweisen beim Wein ist dennoch groß. Auffallend häufig findet man auch Weine aus Piwi-Sorten, Neuzüchtungen mit höherer Widerstandskraft gegen Pilzerkrankungen.

Durch die Umbenennung von Südoststeiermark in Vulkanland vor wenigen Jahren konnte dieses Gebiet sein Profil schärfen. Sehr klug hat man sich der Themen Kulinarik und Tourismus angenommen, indem man die Kleinteiligkeit als positiv akzeptiert und eine starke Verbindung zu regionalen Spezialitäten sucht.

88 Sortenpräzise, wie's im Buche steht

Weißburgunder Ried Buch ***

Der Weißburgunder steht oft im Schatten seiner berühmten Verwandten Chardonnay und Pinot noir. Nicht so bei Walter Frauwallner im Steirischen Vulkanland. Als der Steirer 2002, blutjung als 21-Jähriger, den Betrieb übernahm und mit einfachsten Mitteln auf einer Rebfläche von 2,4 Hektar startete, entdeckte er den Weißburgunder bereits als seine Lieblingssorte.

Mit Weißburgunder – auch Pinot blanc – assoziiert man gern eine neutrale Aromatik, eine sanfte Säure und eine gewisse Behäbigkeit. Manche nennen die Mutation von Grauburgunder einen »universellen Speisenbegleiter«. Selbst wenn Letzteres als Kompliment gemeint ist – besonders aufregend klingt das nicht.

Trotzdem rückt der Weißburgunder nun stärker in den Fokus. Er kann auf seine eigene, ganz unspektakuläre Art hervorragend zeigen, was Herkunft und Terroir im Vulkanland bedeuten. Die 2018 etablierte Qualitäts- und Herkunftspyramide für den Steirischen Wein setzt auch Walter Frauwallner, jüngstes Mitglied in der renommierten Vereinigung Steirische Terroir- und Klassikweingüter (STK), konsequent um. Sein Weißburgunder kann in jeder Kategorie überzeugen – als angenehm straffer Gebietswein sowie als Stradener Ortswein, der mehr Struktur und Zug, dazu eine fein balancierte Säure zeigt.

Zur Höchstform läuft Walters Lieblingssorte aber auf den tiefgründigen vulkanischen Böden seiner Monopollage Buch auf, die auf drei Seiten von Mischwald geschützt ist. Selbst in Hitzejahren quält die Reben hier kaum Wasserstress. Walter spielt bei seinem Lagen-Weißburgunder gekonnt mit dem Ausbau in kleinen und großen, sowohl neuen als auch gebrauchten Fässern. Er vinifiziert den Weißburgunder Ried Buch als kraftvollen kompakten Wein mit bestens integrierten Holznoten und mineralischem Zug – perfekt balanciert dank seines über die Jahre gewonnenen Feingefühls für die Sorte.

Weingut Frauwallner | Karbach 7 | 8345 Straden | Tel. +43/3473/7137 | www.frauwallner.com | weingut@frauwallner.com

89 Die wiedergeborene Diva
Furmint vom Sandstein **

Kapriziös und schwierig – so wird Furmint beschrieben. Für den Winzer bedeutet dies im Weingarten sehr viel Arbeit. Die alte Weißweinsorte ist anfällig für Pilzkrankheiten, unsicher im Ertrag und spät in der Reife. Wohlbekannt ist Furmint als Hauptrebsorte im ungarischen Süßweingebiet Tokaj. Auch in Österreich gab es einst viel davon, doch musste »die säurereiche Diva« zugunsten ertragreicherer Reben fast aussterben, bevor sie wiederentdeckt wurde. Aktuell schlägt der Furmint mit mageren elf Hektar zu Buche, kommt aber wieder ins Gespräch und erfreut sich im allgemeinen Trend zu autochthonen Rebsorten steigender Beliebtheit.

Als kleine Furmint-Hochburg gilt die Freistadt Rust im Burgenland, doch auch einem jungen Winzer im Steirischen Vulkanland liegt die Sorte besonders am Herzen. Gottfried Lamprecht vom Herrenhof hat 2010 seine ersten Furmint-Reben ausgepflanzt, und bald stehen ganze zwei Hektar im Ertrag. Auf den leichten kalkhaltigen Sandsteinböden der südöstlich ausgerichteten Hanglagen am Buchertberg scheint Furmint blendend zu funktionieren. Über 100 Jahre lang hatte es hier keinen Weinbau gegeben – bis Gottfried Lamprecht im Jahr 2006 wieder Reben zu setzen begann. Dass er sie nach Bio-Richtlinien pflegen würde, war von Anfang an klar. Auch im Keller folgt der Winzer nicht dem Mainstream, sondern seinem selbst entwickelten Qualitätskonzept der Herrenhof-Charta und dem Freestyle Wine Growing, der Herstellung von Naturwein ohne Konventionen.

Gottfrieds eigenständigen – und den einzigen steirischen – Furmint zu probieren ist ein großes Vergnügen. Im 600-Liter-Holzfass vinifiziert, kommt der Wein bestens balanciert, strukturbetont und mit straffer Säure daher, erfreut mit Quitten- und Blütennoten, Kräuterwürze und etwas Butterbrioche am Gaumen. Er vereint herrliche Trinkfreude mit Ernsthaftigkeit bei mineralisch-salzigem Tiefgang.

Herrenhof Lamprecht | Pöllau 43 | 8311 Markt Hartmannsdorf |
Tel. +43/699/17149689 | www.herrenhof.net | office@herrenhof.net

90 Brückenbauer

Gewürztraminer Ried Hochwarth **

Traminer aus Klöch ist ein Klassiker, besungen in jedem Werk, das sich mit österreichischem Wein en gros und en detail befasst. Dabei werden die drei Spielarten Gelber, Roter und Gewürz- gern zum Sammelbegriff Traminer vereinfacht (siehe Nr. 55). In den 1990ern, also in der Prä-DAC-Ära, versuchte man hier eine Art Herkunftsmarketing, indem (halb)trockener Traminer aus Klöch als »Wein mit dem Duft der Rose« gekennzeichnet und vermarktet wurde. Mit Vulkanland Steiermark DAC ab Jahrgang 2018 werden Riedenweine fürderhin nur trocken ausgebaut, während Ortsweine unter dem Namen »Klöcher ...« auch halbtrocken sein können, um die Tradition zu wahren.

Stefan Müller ist ein Vertreter der jungen Generation, der mit viel Esprit eine Brücke schlägt zwischen »altmodisch« restsüßem und modern trockenem Traminer. Er spielt mit den Möglichkeiten des Traminers, verarbeitet in Stahltank oder Holzfässern, mit viel Zeit und nur jenen Eingriffen, die der jeweilige Wein braucht.

Klöch hat beide Arten an vulkanischem Gestein anzubieten, Tuff, der sich aus der Flugasche einer Eruption bildet, und Basalt aus dem, was aus einem Krater herausrinnt – unwissenschaftlich, dafür anschaulich ausgedrückt. Traminer Hochwarth kommt vom Tuffgestein und gehört zur trockenen Fraktion. Er riecht nach Rosen und Orangenblüten, ist hellfruchtig und mit einer eleganten, salzig-feinkörnigen Mineralität. Er vermittelt eine komplexe Duftigkeit, wie es vor allem Weine von Tuffböden hinkriegen. Ried Seindl, 2017 noch halbtrocken ausgefallen, wäre sein dunkler schmeckendes, gewichtigeres Pendant vom Basalt.

Alle, die Spaß an Aromenspektakel haben, kommen an Traminer nicht vorbei. Der verkostungstechnische Begriff »floral« leuchtet jedem ein, wenn er dazu einen Traminer im Glas hat, welchen auch immer. Vor allem trocken ist Traminer ein sehr reizvoller Kombipartner zu Scharfem und intensiv Gewürztem.

Weingut Müller | 8493 Klöch 51 | Tel. +43/3475/7160 | www.weingut-mueller.at | mail@weingut-mueller.at

91 Zeitgemäß archaisch
Blanca ***

Blanca heißt der Wein, der das Tor in die archaische Welt der Familie Ploder im Vulkanland öffnet – auf den Schalen vergoren, unfiltriert, naturtrüb. Alfred und Manuel Ploder lassen Weine dieser Art mit langjähriger Erfahrung, handwerklichem Können und Fingerspitzengefühl entstehen.

Blanca – im Jahrgang 2016 eine Mischung von 40 Prozent Souvignier gris und je 20 Prozent von Bronner, Grauburgunder und Grünem Veltliner, im Jahrgang 2015 fast sortenreiner Souvignier gris – vergärt mit einem dem Jahrgang angepassten Anteil an Stielen auf der Maische. Langer Feinhefekontakt und der Ausbau im typisch steirischen Startin-Fass, das 600 Liter fasst, prägen den feinwürzigen, knochentrockenen Wein mit belebend erfrischender Säure. Nur minimal geschwefelt, gewährt er einen unkomplizierten Einstieg in die Welt der Naturweine. Für die in georgischen Tonamphoren (Kvevris) ausgebauten Orange Wines namens Maro, Aero, Tero und Fejro sollte man sich viel Zeit nehmen. Sie garantieren aufgeschlossenen Weinfreunden wunderbare Geschmackserlebnisse.

Familie Ploder führt das Weingut seit 2006 nach biodynamischen Richtlinien, 2015 folgte die Demeter-Zertifizierung. Zum ganzheitlichen Ansatz im Weinbau passen auch die Piwis – moderne, pilzwiderstandsfähige Rebsorten, deren geringer Spritzmittelbedarf die Umwelt schont (siehe Nr. 92). Sie kommen im Hause Ploder in besonderem Maß für die maischevergorenen Weine zum Einsatz. Der rotschalige Souvignier gris gilt als äußerst vielversprechende Piwi-Sorte mit gutem Säuregehalt. Seine überwiegend lockeren Trauben mit fleischigen und dickschaligen Beeren lassen dank ihrer Robustheit so gut wie keine Probleme mit Traubenfäulnis aufkommen.

Abseits der archaischen Welt widmen sich die Ploders gekonnt ihrer feinen klassischen Weinlinie mit gebietstypischen Rebsorten, zum Beispiel Weißburgunder, Morillon, Sauvignon blanc und Grauburgunder.

Weingut Ploder-Rosenberg | Unterrosenberg 86 | 8093 St. Peter am Ottersbach | Tel. +43/3477/3289 | www.ploder-rosenberg.at | office@ploder-rosenberg.at

VULKANLAND STEIERMARK | JOSEF SCHARL

92__ Widerstandskämpfer

Muscaris Kvevri »Der Mann im Mond« ***

Pilzwiderstandsfähige Rebsorten – das geht nicht sehr geschmeidig über die Lippen. Daher nennt man sie auch einfach »Piwis« oder »Piwi-Sorten«. Piwis sind moderne Rebzüchtungen, die eine besondere Widerstandskraft gegen die Pilzkrankheiten Peronospora (Falscher Mehltau), Oidium (Echter Mehltau) und Botrytis (Grauschimmel) an den Tag legen. Behandlungen der Reben mit Spritzmitteln sind viel seltener oder – im Idealfall – gar nicht mehr nötig, und so gelten sie als echte Alternativen für einen umweltschonenden Weinbau. Der große Piwi-Boom blieb bis dato allerdings aus, da ihr ungewöhnlich intensiver Geschmack, eine stark muskatige bis sauvignoneske Würze, polarisiert. Dennoch steigt das Interesse an den Piwis.

Der Vulkanland-Winzer Josef Scharl begann früh damit zu experimentieren und schloss die Sorte Muscaris – gekreuzt aus Solaris und Gelbem Muskateller – besonders ins Herz. Heute vinifiziert er Muscaris in vier verschiedenen Ausbaustilen. Josef Scharl weiß: »Neue Rebsorten haben es immer schwer, aber mit Muscaris habe ich schon 2009 begonnen, und meine Kunden kennen die Sorte inzwischen. Sie wissen auch, was ein Piwi-Wein ist und wo die Vorteile liegen – nämlich im naturnahen Anbau. Muscaris verkauft sich bestens – als Frizzante, als Klassik-Wein, als kräftiger Lagenwein und auch als Maischegärung namens ›Mann im Mond‹.«

Der »Mann im Mond« entsteht im Einklang mit den Mondphasen, vergärt auf den Schalen im Tonei, was die von Natur aus laute Sortenaromatik in einen spannenden Mix von exotischen Noten, Zitronengras und rauchiger Kräuterwürze verwandelt. Als Orange Wine zeigt er kraftvolle Tannine, eine pikante Säure und viel Präsenz am Gaumen. Auch von Souvignier gris und Cabernet blanc – zwei weiteren Piwi-Sorten – sowie von Sauvignon blanc gibt es einen »Mann im Mond«. Durch und durch ungewöhnliche, charakterstarke Weine, ganz wie der Winzer selbst.

Weinhof und Buschenschank Josef Scharl | Plesch 1 | 8354 St. Anna/Aigen | Tel. +43/3158/2314 | www.weinhof-scharl.at | josef@weinhof-scharl.at

Südsteiermark

Die Südsteiermark mit ihren fast 2.600 Hektar Weinbaufläche ist heute das österreichische Kompetenzzentrum für Sauvignon blanc. Die Sorte hat dort zu einer großartigen Eigenständigkeit gefunden. Dennoch lässt das jüngst entwickelte Herkunftssystem der Steiermark, basierend auf Gebietsweinen, klug eingeteilten Ortsweinen und den Riedenweinen, vielen verschiedenen Sorten – Welschriesling, Weißburgunder, Grauburgunder, Morillon, Gelber Muskateller und anderen mehr – Raum für einen gleichwertigen Auftritt.

Die Böden der Südsteiermark sind grob gesagt zweigeteilt, einerseits tritt Schotter auf, zu Kalkmergel verfestigt, mit im nördlichen Bereich weniger und nach Süden hin deutlich mehr Kalkgehalt. Im Sausal, dem nördlichsten Teil der Südsteiermark mit den höchstgelegenen, oft steil abfallenden Weingärten, sind Tonschiefer, Grünschiefer und Quarzite ein großes Thema, teilweise von Kalkadern durchzogen. Hier fühlt sich hier auch der karge Böden liebende Riesling wohl.

Klimatisch gesehen haben es die Winzer im Gebiet nicht leicht. Die durchschnittliche Niederschlagsmenge eines Jahres liegt bei etwa 1.000 Millimetern, und der Pilzdruck ist entsprechend hoch. Hagel und Spätfrost traten in den vergangenen Jahren immer häufiger auf. Biologische, selbst biodynamische Bewirtschaftung der Weingärten ist dennoch möglich, wie viele aus der »jüngeren« Generation beweisen.

Der Stil der südsteirischen Weine hat sich vom ausschließlich knackigen, fruchtdominierten, im Stahltank ausgebauten Tropfen schon in weit differenziertere Gefilde hineinbegeben. Weinausbau in kleinen und großen Holzfässern wird schon lange nicht mehr als Sakrileg empfunden, und manchmal kommen auch Amphoren zum Einsatz.

93 Burgunder über alles
Burgunder Klevner **

Hartmut Aubell hat immer seine eigenen Wege gesucht. Seine Ausbildung seinerzeit in Geisenheim schloss er nicht ab, weil er es vorzog, bei spannenden Winzern wie Didier Dagenau an der Loire zu arbeiten, was ihm den Rauswurf aus Geisenheim bescherte. Weinbautradition und Herkunftsverbundenheit sind ihm dennoch wichtig.

Die Rebsortenvielfalt der Steiermark hält er für einen Pluspunkt, um Burgunder dreht sich bei ihm alles. Und »man darf auch durchaus Sorten wie Welschriesling wertschätzen, weil er zum Erbe der Steiermark gehört«. Jeder neu gepflanzte Stock derzeit ist jedoch Morillon. »Ich glaube aber nicht, dass ich in meinem Leben einen Sauvignonblanc-Stock nachsetze«, bekräftigt er seine Liebe zu Burgundern.

Morillon und Chardonnay, laut Lehrbuch Synonyme, sind für ihn nicht dasselbe, »in meinem Weingarten jedenfalls nicht«. Er ist auch überzeugt, dass Weißburgunder und Klevner nicht identisch sind, sondern Spielarten. Für seinen Klevner wurden Trauben aus einer Parzelle am Ratscher Nussberg verarbeitet, die in historischen Karten mit »Klevner« markiert ist. Der Wein wurde auf der Maische vergoren, besticht durch feine Harmonie, ist salzig-würzig und erinnert an gelbe Grapefruit und Meeresstrand. Parallel dazu gibt es auch klassischen Weißburgunder, der zwar knackiger ist, als man bei der Sorte erwartet, aber auch alles zeigt, was man von Weißburgunder erhofft, wie zarte Aromen nach Mandelmus und eine fein austarierte Harmonie.

Nach der Übernahme 2008 und zwei Jahrgängen, in denen er konventionell arbeitete, habe er sich »downgegraded und downgesized«. Von den ursprünglichen 12,5 Hektar hat er jetzt noch neuneinhalb. Viele technische Einrichtungen, die er einbauen ließ, als er das Weingut übernahm, habe er ruhend gelegt. »Ich hab im Jahrgang 2009 festgestellt, dass meine Weine genauso schmecken wie die vom Nachbarn.« Das hat er mit 2010 von Grund auf geändert.

Hartmut Aubell | Ottenberg 38 | 8461 Ratsch an der Weinstraße |
Tel. +43/3453/25750 | www.rebenhof.at | der@rebenhof.at

94 Naturwein für alle!
Gelber Muskateller Natural **

Hannes Harkamp schickt schwarzgesichtige Schafe von Weingarten zu Weingarten. Die Shropshire-Schafe, eine alte englische Hausschafrasse, sind zuverlässige Beweider von Christbaumkulturen, da sie die jungen Triebe der Nadelgehölze verschonen. Nun haben ein paar Winzer sie auch als »Begrünungsmäher« in den Rebgassen entdeckt. »Die richten sich ungern zu den Rebtrieben auf, sondern fressen am liebsten das, was sie am Boden finden«, erzählt Hannes Harkamp lachend. »Erste Zweifel haben wir allerdings bereits, dass darauf tatsächlich hundertprozentig Verlass ist.«

Die lustigen Shropshire-Schafe kugeln auch auf den Etiketten der neuen Natural-Serie des südsteirischen Weinguts umher und illustrieren die Idee hinter »Harkamp goes natural« perfekt. Der Winzer erklärt: »Der Einstieg in die Naturwein-Welt muss unkompliziert sein. Unsere Natural-Linie soll leicht verständlich, einfach gut zu trinken und für alle leistbar sein.« Damit setzt er an einem wesentlichen Punkt an, denn oft finden sich Natural Wines in höheren Preisgefilden und locken zwar Weinfreaks, sind aber für Einstiegskonsumenten sehr teuer. Der Gelbe Muskateller Natural kann sowohl Naturwein- als auch Muskateller-Skeptikern gefallen – keine vordergründige Frucht, kein störender Kitsch, sondern Struktur, präzise Aromen und Erfrischungsfaktor.

Die »Basis-Naturweine« sind spontan, aber nicht auf der Maische vergoren und bilden die typischen Rebsorten der Südsteiermark ab: Welschriesling, Weißburgunder, Gelber Muskateller und Sauvignon blanc. Die Trauben kommen von biodynamisch bewirtschafteten Weingärten im Sausal. »Wir arbeiten ohne Zusatz von Zucker, Säure oder Schönungsmitteln, mit stark reduzierter Schwefelgabe, ohne Filtration. Auch selbst trinken wir nur noch biodynamische Weine, denn das tut uns gut«, hebt Hannes Harkamp hervor, der zudem hinter supereleganten Winzersekten steckt – und diese gehören zu den besten Schaumweinen des Landes!

Weingut Harkamp | Seggauberg 75 | 8430 Leibnitz | Tel. +43/3452/76420 | www.harkamp.at | weingut@harkamp.at

SÜDSTEIERMARK | WEINGUT TAMARA KÖGL

95 Zur Erinnerung

*Grüner Sylvaner »Denkmal« **

Ärgerlich. Während deutscher Silvaner, vor allem der fränkische, boomt, ist die Sorte in Österreich völlig abgestürzt. Dabei zählt die natürliche Kreuzung von Traminer und Österreichisch Weiß zu den ältesten kultivierten Reben in Europa und wurde früher sogar »Österreicher« genannt – zumindest als 1659 seine ersten Reben nach Franken geholt und angepflanzt wurden. Mehr als 5.000 Hektar Silvaner gibt es heute in Deutschland.

In Österreich hingegen verschwand die Sorte im Laufe der zweiten Hälfte des 20. Jahrhunderts weitgehend. Mit ein Grund war die Umstellung der Reberziehung auf die Lenz-Moser-Hochkultur, für die der Grüne Sylvaner angeblich zu schwachwüchsig war. Auch die höhere Anfälligkeit für Pilzkrankheiten verleitete die Österreicher, ihn kurzerhand durch Grünen Veltliner zu ersetzen. Im Jahr 2015 gab es offiziell nur noch 38 Hektar Sylvaner – mittlerweile wahrscheinlich weniger als 30.

Das ab 2016 biozertifizierte Weingut Kögl in Ratsch an der Südsteirischen Weinstraße besitzt seit Jahrzehnten einen kleinen Sylvaner-Weingarten. Doch auch mit ihm könnte es bald vorbei sein. Die Winzerin Tamara Kögl und ihr Partner Robert denken an die Rodung der uralten, aufwendig zu pflegenden Reben. Auf dem Etikett des Jahrgangs 2017 steht deshalb »Denkmal« – und man darf den Wein als wahrlich gelungenes Sylvaner-Denkmal bezeichnen: mit feinem Aromenspiel, Pikanz, anregender Frucht und Balance. Freuen darf sich, wer eine der Flaschen dieser Rarität ergattert.

Ein wenig Trost spendet, dass die vor 300 Jahren erbaute Buschenschank der Kögls mit dem Hausnamen »Moarjörgl« wunderschön renoviert wurde und auch weitere Weine der jungen Weinbau- und Kellermeisterin ungemein erfreuen. Ausgezeichnet schmecken der Welschriesling Alte Reben, die erfrischenden Ortsweine sowie die lagerfähigen Weine von Sauvignon blanc und Grauburgunder von der steilen Riede Stermetzberg.

Weingut Tamara Kögl | Ratsch 59 | 8461 Ratsch an der Weinstraße | Tel. +43/3453/4314 | www.weingut-koegl.com | info@weingut-koegl.com

96 Lob des Purismus
Grauburgunder Steinbach ***

Grauburgunder Ried Steinbach von Lackner Tinnacher hat nichts, aber auch schon gar nichts mit dem zu tun, was dem Weinvolk unter »Pinot grigio« (= Grauburgunder) zugemutet wird. Sollte man da auf gewisse Ideen kommen, da dies ja die gleiche Sorte ist. Es ist ein Wein von unnachahmlicher Eleganz und Schmelzigkeit, ein sehr feines Lehrstück in Sachen vielschichtiger, feinwürziger Burgunder, und wie man die zart süß duftenden Aromen von Geißblatt (»Honeysuckle«), Honigmelone und weißen Frühlingsblüten in eine Flasche bringt, ohne auch nur im Geringsten plump zu werden. Und dann ist das Ganze auch noch mit steinmehlartiger Mineralik unterlegt.

Verlässt man das Stammhaus der Tinnacher Familie, läuft man geradewegs in die Ried Steinbach hinein. Sie liegt rund um das Anwesen auf einer Seehöhe zwischen 370 und 490 Meter und hat unterschiedliche Ausrichtungen von Südost über Süd bis West. Im Boden wechseln sich Schotter, Sand und Kies in unterschiedlicher Formation ab. Es gibt wenig Lehm und noch weniger Kalk, was bedeutet, dass sich die Wurzeln der Rebstöcke unter diesen trockenen, kargen Bedingungen tief in den Untergrund arbeiten müssen.

Viele Generationen der Familie machen hier Wein seit 1770, in jüngerer Zeit mit immer noch größerer Hingabe an puristische Kellerarbeit. Katharina Tinnacher, studierte Pflanzenwissenschaftlerin und seit 2013 verantwortlich, konnte da Etliches hinzufügen wie biologisch-organische Bewirtschaftung oder eine noch feinere Abstimmung der Weine. Zwischen 2001 und 2015 habe es weit mehr Veränderungen im Weingarten als im Keller gegeben, meinte sie zu diesem Thema einmal.

Leider gibt es nicht so viel Grauburgunder Steinbach, wie man gern trinken möchte. Von der Riede kommen aber auch Sauvignon blanc, Weißburgunder und Morillon, dem Grauburgunder in seiner Güte ebenbürtig, sollte dieser gerade nicht zur Hand sein.

Weingut Lackner Tinnacher | Steinbach 12 | 8462 Gamlitz | Tel. +43/3453/4841 | tinnacher.at | weingut@tinnacher.at

SÜDSTEIERMARK | MICHI LORENZ

97 Muskateller ganz anders

Gelber Muskateller Schwarzer Schiefer Hochbrudersegg ***

Gelber Muskateller ist beliebt und boomt gar mächtig. Die Rebflächen vermehren sich explosionsartig, leider nicht so die Stile, in denen Muskateller präsentiert wird. Viele haben sich auf außen hui, innen pfui festgelegt, viel zu viele Muskateller tanzen einem auf der Nase herum, um nach dem Geruch einfach aufzuhören. Im schlimmsten Fall werden noch etwaige bittere Aromen mit plumper Restsüße kaschiert. Nach diesen Disco-Weinen, wie sie Michi Lorenz nennt, wünscht man sich einfach nur ein Glas Wasser zur Rettung.

Nicht so bei Lorenz' Muskateller Schwarzer Schiefer, gewachsen nahe Kitzeck in der Steillage Hochbrudersegg, deren Böden aus rotem und blauem Schiefer sind. Die Hangneigung beträgt bis zu 45 Prozent, teils wurden Terrassen angelegt, um Flächen zu schaffen, auf denen Rebstöcke wachsen und Menschen arbeiten können. Ausgebaut wird dieser Wein in Edelstahl bei höchst passendem, mittelkräftigem Alkohol, der generell die Lorenz'schen Weine kennzeichnet. Sein Muskateller-Aroma ist klar und präzise, zart blütenhaft mit feiner Muskat-Würzigkeit und dankenswerterweise völlig unaufdringlich, dafür mit schönster salziger Mineralität unterlegt. Der Wein kommt leichtfüßig daher, hinterlässt aber gleichzeitig einen guten Eindruck von Harmonie und eleganter Kraft.

Keine Spur von bitter, sondern zarten Muskatduft, eingebaut in eine feinkörnige, sehr trockene Struktur, beschert einem auch ein zweiter Muskateller Grauer Schiefer, der aus der weit bekannteren Riede Steinriegel kommt, deren Boden roter Schiefer mit Quarzeinschlüssen ist.

Lorenz hat nach der Ernte 2017 begonnen, sein Weingut umzustülpen und neu aufzusetzen. Geändert wurde alles, beginnend bei der Arbeitsweise im Weingarten, die jetzt biologisch ist, im Keller bis hin zu den Etiketten. Vergoren wird spontan, vinifiziert so puristisch wie nur irgendwie möglich. Es lohnt sich fürs Erste.

Michi Lorenz - Kitzeck | Einöd 8 | 8442 Kitzeck im Sausal |
Tel. +43/3456/2311 | www.michilorenz.at | wein@michilorenz.at

98 Individuell vielschichtig
Graf Morillon ***

Was ist Vielschichtigkeit im Wein? Vielschichtigkeit meint weniger, zehn bis 20 verschiedene Aromen aufzuzählen, die sogenannte Weinexperten im Geruch und Geschmack eines Weines finden möchten. Vielschichtigkeit zeigt sich vielmehr dann, wenn sich ein Wein im Glas verändert und mit jedem Schluck neue Nuancen preisgibt. Vielschichtige Weine springen nicht marktschreierisch aus dem Glas, sondern brauchen Zeit zur Entfaltung ihrer Aromen und ihrer Persönlichkeit. Für den Genuss sollte man sich diese Zeit nehmen.

Der südsteirische Winzer Sepp Muster ortet die Enstehung von Vielschichtigkeit bereits im Weingarten. Sein Ziel im Keller sei lediglich, die komplexe Aromatik der geernteten Trauben in den Wein zu bringen. Schon Ende der 90er Jahre lernte Sepp Muster die Biodynamie kennen, und seit 2003 führt er sein Weingut als Demeter-Betrieb. Dabei gilt es, die Natur und die Weinreben ganz genau zu beobachten. Das Bodenleben, das Gleichgewicht im Weingarten und die Erhöhung der Widerstandskraft der Reben stehen im Vordergrund. Ohne Reinzuchthefen, ohne Zusätze, ohne Schönung, ohne Filtration und mit nur geringen Schwefelmengen kommen seine brillanten Weine, die mindestens zwei Jahre im Fass lagern, auf die Flasche. Hier entsteht jene Individualität, nach der heute viele Weinfreunde, die sich vom Geschmack der breiten Masse abgewandt haben, suchen.

Musters Weinlinie »Graf« bezieht sich auf den Hofnamen des Weinguts und umfasst einen Morillon, einen Sauvignon blanc und einen Zweigelt. Die alten Reben wachsen auf kargen Opok-Böden – Kalkmergel, der den Weinen eine feine, aber feste Struktur gibt. Der Graf Morillon ist ein feingliedriger, zugleich erdiger Wein, der mit immenser Frische anregend und lebendig am Gaumen tanzt. So ein Wein habe Erklärungsbedarf, heißt es mitunter. Hat er nicht – sich darauf einzulassen und genau hinzuschmecken reicht völlig.

Weingut Maria und Sepp Muster | Schlossberg 38 | 8463 Leutschach | Tel. +43/3454/70053 | www.weingutmuster.com | info@weingutmuster.com

SÜDSTEIERMARK | GRAZ | HANNES SABATHI

99   Ein Wein für eine ganze Stadt
Grauburgunder Ried Kehlberg Falter Ego **

Hannes Sabathi, mit seinem Weingut am südsteirischen Kranachberg bei Gamlitz zu Hause, gehört zur Creme der jungen steirischen Winzerschaft. Vor etwa fünf Jahren machte ihn ein Freund auf die frühere Weinkultur in Graz aufmerksam. Etwa 190 Hektar Rebflächen gab es 1820, als der Franziszeische Kataster erstellt wurde, das erste vollständige Liegenschaftsverzeichnis Österreichs. Ab diesem Zeitpunkt ging die Rebfläche kontinuierlich zurück, beschleunigt durch Verstädterung und Industrialisierung und vor allem durch zwei Weltkriege. Nach 1945 blieb nur der Stadtteil Welbing mit seinen Buschenschanken übrig, deren letzte 1967 ebenfalls schloss.

Sabathi forschte nach, fand 4,5 Hektar Flächen am Kehlberg im Südwesten von Graz, die er als Weingärten wiederbeleben konnte. Der Boden ist Kalk und Dolomit mit einer Auflage aus Braunlehm, die dünner wird, je höher es hinaufgeht, und habe, so Sabathi, eine gewisse Ähnlichkeit mit dem Sausaler Gebiet rund um Kitzeck: »Auch der Kehlberg hat als Klippe aus dem Urmeer herausgeschaut.« Die Weingärten befinden sich in einer Steillage, die auf bis zu 520 Meter Seehöhe reicht und aufgrund ihrer Exposition weder durch den in Graz berüchtigten Bodenfrost gefährdet noch für Pilzkrankheiten anfällig ist, da hier ein konstanter Aufwind Feuchtigkeit rascher auftrocknet als anderswo. Seit dem Jahrgang 2017 gibt es also wieder einen Grazer Stadtwein. An Rebsorten wählte Sabathi Gelben Muskateller und Sauvignon blanc, die sortenrein ausgebaut werden. Der Grauburgunder ist ein hochwertiger, schmelziger Lagenwein mit einem straffen Unterbau und feinen Aromen nach Heu und Bergamotte. Die Wiederbelebungen am Kehlberg wirkten sich auch auf die Natur aus, sodass sich beispielsweise der seltene Osterluzei-Falter wieder dort ansiedelte. Ein guter Grund, ihn gleich einmal in den Namen des Weines aufzunehmen: Falter Ego.

Hannes Sabathi | Kranachberg 51 | 8462 Gamlitz | Tel. +43/3453/2900 | www.hannessabathi.at | office@hannessabathi.at

FALTER EGO
Grazer Stadtwein

Hannes SABATHI
Ried Kehlberg
Grauburgunder

SÜDSTEIERMARK | SATTLERHOF

100 Von Muscheln und Korallen
Morillon Pfarrweingarten ****

Über die Jahrzehnte hat sich die Familie Sattler große Verdienste um die Entwicklung des Sauvignon blanc erworben. Ebenso viel Aufmerksamkeit widmete man dem Morillon, den die Familie liebt und der noch bis Ende der 1970er Jahre als eine Spielart von Weißburgunder angesehen wurde, aber Chardonnay ist. Legenden und Erzählungen ranken sich um Herkünfte von Chardonnay-Reben aus dem Ort Morillon in Frankreich. Andere Quellen verweisen auf ampelografische Schriften aus dem 17. Jahrhundert, in denen von einem Morillon blanc die Rede ist, inklusive Abbildung, die die charakteristische nackte Stielbucht des Chardonnay-Blattes zeigt. Fazit: Der geneigte Weintrinker möge zur Kenntnis nehmen, dass Chardonnay in der Steiermark auch Morillon heißen kann.

Die Riede Pfarrweingarten, eine Monopollage der Familie Sattler, ist aus einem Korallenriff entstanden, was Kalk pur mit hohem pH-Wert bedeutet. Der Boden ist daher ideal für alle drei weißen Pinot-Arten, die dort auch vor mehr als 50 Jahren vom Großvater der heutigen Generation gepflanzt wurden. Ausgebaut werden die Trauben in Barriques oder 300-Liter-Eichenholzfässern.

2016 gab es wegen der durch Frost dezimierten Erntemenge nur einen Pfarrweingarten mit allen drei Burgundersorten, während Morillon, Weiß- und Grauburgunder in Jahren mit normaler Erntemenge separat ausgebaut werden. Morillon hat feine, verspielte Zitrusfruchtaromen, mehr in Richtung Orangen und Mandarinen denn Zitronen. Er ist vielschichtig würzig und salzig-mineralisch unterlegt. Auch im laut Jahrgang gesetzteren Alter bewahrt sich der Wein ein sehr jugendfrisches Auftreten. Erst wenn er gut zehn Jahre hinter sich hat, könnte man über Reifenoten nachdenken. Zumindest war das die Erfahrung der Autorin, die mehrmals das Glück hatte, bei Vertikalproben von Pfarrweingarten Morillon dabei zu sein.

Weingut Sattlerhof | Sernau 2 | 8462 Gamlitz | Tel. +43/3453/2556 | www.sattlerhof.at | weingut@sattlerhof.at

101 — Höher, steiler, Sausal
Sauvignon blanc Kitzeck-Sausal **

Kitzeck im Sausal ist ein besonderer Ort – besonders hoch, besonders steil, besonders schiefrig. In der höchstgelegenen Weinbaugemeinde Österreichs möchten wir die Ortsweine vom Weingut Schauer in den Fokus rücken, weil sie so schön zeigen, dass sich das Terroir im Sausal vom Rest der Südsteiermark unterscheidet. Die Einteilung der steirischen DAC-Weine in Gebiets-, Orts- und Riedenweine ist noch jung, und laut Herkunftssystem dürfen die Winzer seit 2018 fünf südsteirische Orte auf das Weinetikett drucken: Gamlitz, Ehrenhausen, Leutschach, Eichberg – und Kitzeck-Sausal.

Wie aber soll ein Ort schmecken? Mit dieser Frage setzen sich die Brüder Stefan und Bernhard Schauer seit Jahren intensiv auseinander. Einst ragte das Sausal wie eine Insel aus dem Urmeer. Während ringsumher Kalkablagerungen des Meeres die Böden der Südsteiermark prägen, sind die schwindelerregenden Steillagen des Sausal vom phyllitischen Schiefer beherrscht. Die Höhenlage und die Kühle der Sausaler Weingärten bringen einen langsamen Vegetations- und Reifeverlauf. Die Trauben bewahren bis zuletzt eine feine, erfrischende Säure. Auch die starken Temperaturunterschiede zwischen Tag und Nacht und die gute Wasserversorgung steuern ihren Teil zur Sausaler Typizität bei. Die kargen Schieferböden spiegeln sich durch rauchige und würzige Noten, mineralische Finesse und die Abwesenheit vordergründiger Fruchtaromen. Genau dies beschreibt den charakterstarken, im 3.000-Liter-Fass ausgebauten Sauvignon blanc Kitzeck-Sausal der Schauers. Auch ihre Ortsweine von Riesling und Graubrgunder erfreuen mit ihrer kompakten, schlanken Art.

Es mag noch dauern, bis das Konzept »Ortswein« in den Köpfen von Winzern und Weinfreunden angekommen ist und ernsthafte Kontinuität entsteht. Das malerisch gelegene Weingut Schauer samt Buschenschank und Gästehaus ist jedenfalls immer einen Besuch wert.

Weingut Schauer | Greith 21 | 8442 Kitzeck im Sausal | Tel. +43/3456/3521 | www.weingut-schauer.at | office@weingut-schauer.at

102 Der Konsequente
Rotburger Sausal **

Rotburger ist ein Synonym für den allseits bekannten Zweigelt, der erst in den 1970ern nach seinem wegen seiner Nazi-Vergangenheit höchst umstrittenen Züchter, Fritz Zweigelt, benannt wurde. Karl Schnabel nennt seinen Wein Rotburger, weil er ein vehementer Gegner »der ganzen Nazi-Chose« ist und das auch ausdrücken möchte.

Konsequent und geradlinig machen er und seine Frau Eva auch Rotweine in der »weißen« Südsteiermark in biodynamischer Bewirtschaftung. Pinot noir, Blaufränkisch und Rotburger sind ihre Hauptsorten, dazu etwas Riesling und Morillon, die alle auf sechs Hektar Weingärten am Sausaler Berg und am Demmerkogel wachsen. Als Fans des Frankophonen arbeiteten Eva und Karl nach Abschluss ihrer jeweiligen Studien zwei Jahre in Burgund. Rotwein sei einfach das Seine, erklärt Schnabel. Pinot noir bringe in kühlem Klima beste Ergebnisse: »Ergo warum nicht auch im Sausal?« Blaufränkisch komme mit seiner Eigenheit, Terroir auszudrücken, dem am nächsten. Rotburger wurde mitgenommen.

In seinen Weingärten wächst ein wilder Mix an Natur, der Boden federt elastisch. Die Steher für die Drahtrahmen der Rebstöcke sind aus Akazienholz, »die schon 30 Jahre haltbar sind«, wie Schnabel sagt. Er verzichtet auf Traktoren wegen der Bodenverdichtung und mäht den Bewuchs zwischen den Rebzeilen mit der Handsense. An den Rändern der Weingärten weiden seine Rinder, die mit ihrem Dung für Kompost sorgen. Vinifiziert wird in offenen Holzbottichen. Er verwendet keinerlei Weinbehandlungsmittel. Karl und Eva denken radikal: »Nichts und niemals unseren Weinen etwas zusetzen.«

Der Rotburger ist ein intensives, kirscharomatisches Weinerlebnis, voller Spannung mit flirrender Mineralität. Er gehört in die Liga der Sausaler Gebietsweine, die er mit Eleganz und Saftigkeit vertritt. Ein Mehr an mineralischer Dichte – genauer, noch mehr Sausal – findet sich in seinen Lagenweinen.

Karl Schnabel | Ermihof | Maierhof 34 | 8443 Gleinstätten |
Tel. +43/676/6961508 | www.karl-schnabel.at | weingut@karl-schnabel.at

103 Der unbekannte Star
Sauvignon blanc Vom Opok **

Unbekannter Star – das gilt weniger für den Weltenbürger Sauvignon blanc denn für den Winzer Roland Tauss aus Schloßberg bei Leutschach, der sich unauffällig und ohne viel Getöse in die Riege der besten Winzer der Steiermark eingereiht hat. Seine zurückhaltende Art ließ ihn den Status als »Geheimtipp« behalten. Langjährige biodynamische Bewirtschaftung und handwerkliche Arbeitsweise bringen Weine von großer Lebendigkeit, Charakterstärke und Präzision – Schwefel wird nicht zugesetzt.

Fantastisch schmeckt Roland Tauss' Roter Traminer, der auf der Maische vergoren, mit feinem Grip und langem Spannungsbogen zeigt, was ein Winzer mit Gespür und Geschick aus dieser oft zu behäbig vinifizierten Sorte machen kann. Große Klasse sind der maischevergorene Grauburgunder und die mineralischen Weine der Linie »Hohenegg« von den höher gelegenen Weingärten der insgesamt sechs Hektar Reben.

Dennoch stellen wir hier den Sauvignon blanc Vom Opok, einen Wein der »Basis-Linie«, vor. Denn auch die steirische Paradesorte überzeugt bei Roland Tauss mit leisen Tönen und hat es nicht nötig, mit lauter Frucht oder aufdringlicher Paprikanote aufzufallen, wie es so viele Sauvignons auf der ganzen Welt tun. Nein, der Tauss'sche Sauvignon ist zart floral, feinmineralisch, staubtrocken, fest und elegant, seinem Namen entsprechend vom Untergrund geprägt, dem Opok – einem gelb-braunen bis blau-grauen Kalkmergel, verfestigt in einem kalkhaltig-lehmig-sandigen Gemisch.

Tipp: Am Demeter-Weingut von Roland und Alice Tauss lässt sich auch herrlich urlauben. Zehn hochwertig eingerichtete Winzerzimmer, eine Hofwohnung und ein Winzerhaus stehen als Gästeunterkünfte zur Verfügung, die Verpflegung ist zu 100 Prozent biologisch. Zudem gibt es ein Saunahaus, und das »Haus der Stille« steht für Yoga und Meditation zur Verfügung. Von Alice Tauss stammt das Buch »Yoga & Kochen«.

Weingut Alice und Roland Tauss | Schloßberg 80 | 8463 Leutschach |
Tel. + 43/3454/6715 | www.weingut-tauss.at | info@weingut-tauss.at

104_ Welsch von Welt

Welschriesling Ottenberg Veitlhansl **

Manfred Tement ist ein großer Winzer und reizte Sauvignon blanc und Morillon gegen Lehrmeinungen oder auch gegen den Zeitgeist aus, indem er zum Beispiel Barriquefässer einsetzte, als alle noch auf Stahltank schwörten. Dass seine Söhne Armin und Stefan, die heute die Tement-Weine machen, diesen hochklassigen Gewächsen noch weitere Feinheiten zu entlocken vermögen, ist großes Winzerhandwerk. Und das auch bei Rebsorten wie Welschriesling, denen man oberflächlich genau nichts zutraut, aber bei dem »wir schon immer versucht haben, mehr rauszuholen«.

Ottenberg Veitlhansl »Welsch« wächst in einem Weingarten am Ottenberg auf etwa 330 Meter Seehöhe, in einer »Reizlage«, so Armin: »Im Herbst ist es nebelig und feucht, der Boden ist schwerer Ton auf Kalkstein. Wenn er trocken ist, wird er hart wie Beton, sodass sich die Rebstöcke in der Jugend schwertun und gut 20 Jahre brauchen, bis sie ihre Wurzeln in der Tiefe haben, wo sie hingehören.« Seit dem Jahrgang 2015 werden die Trauben spontan vergoren, in 20 Jahre alten 500-Liter-Holzfässern etwa 20 Monate auf der Feinhefe ausgebaut. Der Wein schmeckt wie saftige Äpfel und Birnen und frisches Brot dazu, feinsalzig und mit einer animierenden Säure unterlegt – höchster Trinkspaß, dazu Tiefgang und Potenzial für den hohen Anspruch an Wein.

Welschriesling findet Armin interessant, weil »die Sorte eine Herkunft wunderschön zum Vorschein bringen kann«, Ertragsreduktion vorausgesetzt. Er habe bei hoher Reife wenig Primärfrucht und dadurch mehr Möglichkeiten, Terroir herauszukehren. Selbst dann bleibe der Alkohol moderat und die Säure erfrischend, auch wenn sie numerisch nicht außergewöhnlich hoch sei.

Ottenberg Veitlhansl ist die mittlere von drei Stufen Welschriesling, darüber gibt es noch Weinstock Alte Reben aus einer Parzelle am Zieregg mit etwa 40 Jahre alten Rebstöcken, der dann aber tatsächlich eine Besonderheit und Rarität ist.

Weingut Tement | Zieregg 13 | 8461 Berghausen | Tel. + 43/3453/410130 | www.tement.at | weingut@tement.at

SÜDSTEIERMARK | WEINGUT WARGA-HACK

105_Null Kitsch
Weißburgunder Kitzeck-Sausal **

Steil sind die Weingärten in der Südsteiermark. Noch steiler sind sie im Sausal, das zudem von kargen Schieferböden geprägt ist (siehe Nr. 101). Das bedeutet viel Arbeit und Mühe für die Winzer, aber auch beste Voraussetzungen für charakterstarke Weine.

Weine mit Charakter und Individualität im Premiumbereich zu keltern schaffen hier immer mehr Winzer, doch das Weingut Warga-Hack erfreut bereits in der Kategorie Ortswein mit Terroir und Eigenständigkeit. Der Weißburgunder Kitzeck-Sausal wächst auf rotem Schiefer in der Lage Trebien auf etwa 500 Meter Seehöhe. Er ist präzise, salzig-mineralisch, mit erfrischender Säure und gänzlich ohne kitschige Frucht ausgestattet. Straff, rauchig und fokussiert, spiegelt er seine Herkunft wie auch die schnörkellose Handschrift des Winzers Rainer Hack wider.

Rainer und seine Frau Jasmin führen das Weingut nach biodynamischen Prinzipien. Dem ging eine langjährige Bio-Bewirtschaftung voraus, doch »nur Bio«, was vor allem Verzicht auf bestimmte, im konventionellen Weinbau erlaubte Spritz- und Düngemittel bedeutet, reichte den beiden bald nicht mehr. Sie gingen den Schritt zum ganzheitlichen Ansatz der Biodynamie, die Bodenverbesserung und Pflanzenstärkung am Weg zur Harmonie ins Zentrum stellt. Seit 2017 ist das Weingut nach Demeter-Richtlinien zertifiziert, und Rainer Hack sagt zufrieden: »Wir sind heute in der glücklichen Lage, in unserem intakten Biotop auch Wein ernten zu dürfen.«

Rainers Weine gibt es in drei Kategorien. Sauvignon blanc, Riesling und der bereits erwähnte Weißburgunder treten als Ortsweine auf. Von der Monopollage Wilhelmshöhe am Demmerkogel kommt nicht nur feiner Sauvignon, sondern auch Welschriesling und Morillon. Die Naturweine schließlich gehören entweder zur Linie »Natur«, wie der individuelle Grauburgunder und der würzige Riesling, oder sie firmieren unter »Maische« – wie der anregende, salzig-herbe Welschriesling.

Weingut Warga-Hack | Höch 60 | 8441 St. Andrä im Sausal |
Tel. +43/664/9216936 | www.warga-hack.at | biowein@warga-hack.at

SÜDSTEIERMARK | WEINGUT WERLITSCH

106 — Wahrhaftige Eleganz
Ex Vero III ****

Paprizierter Sauvignon blanc, blumiger Muskateller und gelbfruchtiger Morillon? Mit den steirischen Klassikern war Ewald Tscheppe unzufrieden. Obwohl er eine recht konventionelle Ausbildung an einer Weinbauschule absolviert hatte, verabschiedete er sich rasch vom Streben nach »schulisch perfekten Weinen«, als er 2004 den Werlitschhof übernahm. Das allgemeingültige steirische Erfolgsrezept missachtend, ließ er die Rebsorte in den Hintergrund treten und entschied sich für Cuvées von Sauvignon blanc und Chardonnay. Diese waren zwar weniger einfach am Markt zu platzieren, für den Winzer aber eine perfekte Möglichkeit, um Terroirunterschiede herauszuarbeiten.

Die Cuvées Ex Vero I, Ex Vero II und Ex Vero III formen die Hauptlinie des Weinguts Werlitsch und stammen alle von einer Riede – den Unterschied machen Höhe und Steigung. Der von den unteren, flacheren Weingärten stammende Ex Vero I zeigt im Ansatz Frucht und weniger mineralische Würze als II und III, denen der Opok-Boden beachtliche Straffheit und Struktur verleiht. Als biodynamischer Winzer ist Ewald Tscheppe fest davon überzeugt, dass die Qualität eines Weines immer und ausschließlich im Weingarten entsteht. Im Keller brauche es nach seiner Ansicht vor allem Geduld und jahrelange Reifung im großen Holzfass.

Ex Vero III, je zur Hälfte aus Sauvignon und Chardonnay, kommt vom obersten kargsten Steilhang, was sich im Wein wiederfindet. Probiert man ihn, verschwendet man keinen Gedanken an Rebsorten. Textur und Struktur stehen im Fokus, Trinkfluss, grandiose Tiefe und Komplexität, frischer Säurezug und enorme Spannung lassen den Wein auf der Zunge vibrieren. Die Wahrhaftigkeit von »Ex Vero« zeigt sich ganz ohne vordergründige Frucht, dafür mit Authentizität, Feinheit und Eleganz. Ewald Tscheppe bleibt unaufgeregt. Das Schönste sei für ihn, wenn ein Wein überraschen könne und er einfach in Staunen versetze.

Weingut Werlitsch – Brigitte & Ewald Tscheppe | Glanz 75 | 8463 Leutschach |
Tel. +43/3454/391 | office@werlitsch.com | www.werlitsch.com

SÜDSTEIERMARK | WEINGUT WOHLMUTH

107 Riesling extrem
Riesling Dr. Wunsch **

Riesling passt in die Steiermark. Das fand man bereits zu Zeiten Erzherzog Johanns (1782–1859) heraus, der im Zuge seiner landwirtschaftlichen Reformen die Rebsorte versuchsweise pflanzen ließ und für gut befand. Klöch, aber speziell das Sausal mit Weingärten bis auf 650 Meter Seehöhe und seinen unterschiedlichen Schieferarten im Boden, bietet dem König der Weißweine Traumbedingungen: karge Böden und größtmögliche Unterschiede zwischen Tag und Nacht. Im ersten steirischen Weinbauplan 1954 wurde Riesling als Leitsorte für das Sausal definiert. Dass in der Praxis oft Sämling (österreichisch für Scheurebe) daruntergepflanzt wurde, lag vermutlich daran, dass man glaubte, dem Riesling, der dort sehr zart ausfällt, auf die Sprünge helfen zu müssen. Leider ging die Rebsorte dann in der alles überstrahlenden Entwicklung des Sauvignon blanc weitgehend, zum Glück nicht völlig unter. Im Zuge eines erstarkenden Selbstbewusstseins holten die Sausal-Winzer sie vor einigen Jahren wieder vor den Vorhang.

Dr. Wunsch ist eine spektakuläre Rieslinglage, der ungewöhnliche Lagenname erinnert an einen früheren Besitzer vor etwa 200 Jahren. Der Boden ist roter Schiefer mit Quarz durchsetzt, er liegt in Kitzeck auf 510 bis 560 Metern und hat in Teilen eine Neigung von 50 bis 80 Prozent. Das heißt, auf 100 Metern waagerechter Länge steigt der Hang um 80 Meter an.

Die aktuellen Besitzer, die Familie Wohlmuth, flachten den oberen steilen Teil wegen der besseren Bearbeitbarkeit etwas ab, indem sie ihn in Terrassen anlegten. Vertikal bepflanzt wie in der Steiermark üblich, sind die flacheren Teile mit nur 50-prozentigem Gefälle. Beides ist nur händisch zu bearbeiten.

Der Wein, im alten, großen Holzfass vergoren, ist ein extrazartes Erlebnis höchster Intensität, mineralisch, nach weißem Pfirsich duftend und aufs Feinste verwoben. 2017 wurde er erstmals solo ausgebaut, vorher ging er im Ortswein auf.

Weingut Wohlmuth | 8441 Fresing 25 | Tel. +43/3456/2303 | www.wohlmuth.at | wein@wohlmuth.at

Steiermark

Weststeiermark und Bergland

In der malerischen Weststeiermark sind 546 Hektar mit Reben bepflanzt. Sauvignon blanc und Weißburgunder sind die wichtigsten Weißweinsorten, die gebietstypische Spezialität ist aber der Blaue Wildbacher, aus dem der säurebetonte Roséwein Schilcher gekeltert wird. Der Blaue Wildbacher ist eine uralte Rebsorte, die den Ruf hatte, nur rustikale Weine mit aggressiver Säure hervorzubringen. Angesichts der deutlichen Qualitätsanstrengungen der Winzer erfreut sich der erfrischende, individuelle Schilcher aber zunehmender Beliebtheit und ist Teil der im Jahr 2018 beschlossenen Herkunftsbezeichnung Weststeiermark DAC. Seine seltenen roten Varianten sowie Schaumweine von Blauem Wildbacher sollte man ebenfalls unbedingt probieren. Die Weingärten des kleinsten Weinbaugebietes der Steiermark, geprägt von Gneis und Glimmerschiefer, ziehen sich hinauf bis in 600 Meter Seehöhe – im Westen auch an den Ausläufern der Koralpe.

Überwindet man den Bergrücken der Koralpe, landet man direkt im Bundesland Kärnten – und damit in der Weinbauregion Bergland, wo der Weinbau seine Hochblüten zum Teil vom 14. bis zum 16. Jahrhundert erlebte. Heute ist nicht nur in Kärnten, wo 170 Hektar Reben mit weißen Burgundersorten, Sauvignon blanc, Riesling, Traminer, Zweigelt und Pinot noir zu finden sind, eine Renaissance des Weinbaus festzustellen. Auch Oberösterreich besitzt etwa 45 Hektar Reben, kleine Flächen gibt es in Salzburg in Großgmain am Untersberg und am Mönchsberg. Neue Lebenszeichen lässt der Nordtiroler Weinbau hören, zum Beispiel in Haiming, Tarrenz und Silz. Burgundersorten, speziell Chardonnay und Pinot noir, sind hier beliebt – wie auch in Vorarlberg, wo zudem Müller-Thurgau und Riesling gedeihen. Der kühle Charakter der Bergland-Weine bereitet Freude – die Klimaerwärmung wird die Grenzen des Weinbaus weiter verschieben.

108 Schilcher 2.0
Schilcher Ried Hochgrail *

1782 beschwerte sich Papst Pius VI. noch bei Kaiser Josef II., weil er »rosaroten Essig« trinken musste, »den sie Schilcher nannten«. Das mit der rasanten Säure blieb mit wenigen Ausnahmen bis in die 1990er so, die Werte lagen bei etwa zehn Gramm pro Liter, eher plus denn minus. 20 Jahre später ist vieles anders, obwohl die Basics dieses Weines gleich sind: Er ist immer noch Rosé aus Blauem Wildbacher mit einem intensiven Aroma nach roten Johannisbeeren, Himbeeren, Rhabarber und Co. Nur seine Erscheinungsformen haben sich vervielfacht: Es gibt ihn als Schaumwein bis zum Sekt nach Flaschengärmethode und alternativ vinifiziert (siehe Nr. 109), als meist trockenen Stillwein, seltener restsüß. Seit Weststeiermark DAC gibt es Gebietsweine, Ortsweine, die wie Stainz eher salzig oder wie Ligist eher weich schmecken, oder Lagenwein wie Hochgrail, die entstehen, wenn es das Terroir hergibt.

Im Falle von Hochgrail sind es etwa 40 Jahre alte Rebstöcke auf Stainzer Gneis und Hirschegger Gneis mit blauem und braunem Schiefer, die bei fast 60 Prozent Hangneigung auf 550 Meter Seehöhe wachsen. Eine möglichst lange Vegetationszeit ist wünschenswert, Erträge werden dementsprechend runtergefahren. Biologischer Säureabbau wird vermieden, anders als früher. Dennoch sind die Säurewerte moderater bei 7,5 bis 8 Gramm pro Liter. Ausgebaut wird Hochgrail im Stahltank, die Reserve-Version dieses Weines kommt ins kleine Holz. Zu all seinem Schilchertum kommt eine griffige mineralische Note dazu. Er hat Länge und Substanz genug, um in Norwegen und New York Konsumentenwünsche nach Lagerfähigkeit zu befriedigen.

Es gehe nicht darum, nur einen Weingarten-Namen aufs Etikett zu schreiben, macht Stefan Langmann klar, der viel zu dieser Entwicklung beitrug. Wie bei Edel-Veltlinern & Co werden alle Register für hochwertigen Wein gezogen. Auch der Klimawandel hilft mit, allerdings weniger, als man glaubt.

Langmann vulgo Lex | Langegg 23 | 8511 St. Stefan ob Stainz | Tel. +43/3463/6100 | www.l-l.at | weingut@l-l.at

WESTSTEIERMARK | WEINGUT STROHMEIER

109_ Trinkfluss in Hellgrün
TLZ Lysegrøn ****

Die Weststeiermark hat nicht nur Schilcher zu bieten, sondern auch ein Weingut, das zur Avantgarde der österreichischen Naturweinwinzer gehört. Bereits seit 2003 ist es Franz und Christine Strohmeiers erklärtes Ziel, Weine ohne die Zugabe von Schwefel zu machen, und sie setzen dies mit der Weinserie TLZ »Trauben, Liebe, Zeit« erfolgreich um. Trauben, Liebe und Zeit sind jene drei Zutaten, mit denen die Strohmeiers möglichst unbehandelte, authentische und lebendige Weine in die Flasche bringen. Vielfalt und natürlicher Wuchs der Reben stehen im Weingarten im Mittelpunkt.

Als Franz Strohmeiers Art des Weinmachens in seiner Heimat noch kaum jemand ernst nahm, hatten die Skandinavier seinen einzigartigen Weinstil bereits entdeckt, und er gewann Sommeliers der weltbesten Restaurants als treue Fans. So landeten seine Weine zum Beispiel früh auf der Weinkarte des »NOMA« in Kopenhagen, das mehrere Jahre den Titel »World's Best Restaurant« trug.

Auf den Einfluss dänischer Sommeliers geht auch der Name des Pinot blanc »Lysegrøn« zurück. Als dieser Wein bei einer gemeinsamen Verkostung im Keller besonders erfrischend wirkte und seine Farbe zarte grüne Reflexe zeigte, fand sich mit »Hellgrün« ein außerordentlich passender Name für den überaus präzisen Pinot blanc mit kühlem Charakter und feinmineralischer Würze.

In der Serie »Trauben, Liebe, Zeit« tauchen auch die Sorten Sauvignon blanc und Chardonnay auf, dennoch ist die Hauptsorte des Weinguts Blauer Wildbacher, das pinkfarbene Aushängeschild der Weststeiermark. Mit den bekannt säurebetonten und oft belanglosen Schilcherweinen hat Franz Strohmeiers eigenständiger Schilcher-Stil allerdings wenig zu tun – auch diese Sorte geht strukturbetont und tiefgründig. Zudem stellt der Winzer feine Sekte im Stil »brut nature« in reiner Handarbeit her, denen er so viel Zeit gibt, wie sie brauchen – wenn es sein muss, auch viele Jahre.

Wein- & Sektmanufaktur Strohmeier | Lestein 148 | 8511 St. Stefan ob Stainz | Tel. +43 676 9623192, +43/676/3832430 | www.strohmeier.at | office@strohmeier.at

BERGLAND | KÄRNTEN | GEORGIUM

110 — Wein mit Pferd
Pinot noir Nero **

Nachdem Marcus Gruze 15 Jahre in der Welt der Gastronomie unterwegs war, davon drei Jahre in Neuseeland, hatte er genug von der Normalität des Wegwerfens in Sterne-Küchen und entwickelte »eine gewisse Faszination für landwirtschaftliche Produkte, an denen man nachspüren kann, wo sie gewachsen sind«. Er kehrte nach Kärnten zurück und machte sich schlau über die Weinbauvergangenheit Kärntens, die von Hemma von Gurk (gestorben 1045 nach Christus) bis ins 18. Jahrhundert gedauert hatte. Wo auch immer er sich weiterbildete, waren Burgundersorten ein Thema, bei deren hohen Qualitäten es immer um einen Ortscharakter gehe. Also wurden es Burgundersorten, die er auf Basis des Pflanzkontingents Bergland neu setzte.

»Ich sehe es als Lebensaufgabe, vernünftig und geradlinig zu arbeiten und dabei so wenig wie möglich zu vernichten. Eben nicht wie Heuschrecken über alles herzufallen«, stellt Gruze fest. Bei Überzeugungen wie diesen ist die Biodynamie als Grundgerüst nicht weit. Und das in aller Konsequenz. »Es ist spannend, dass Rebstöcke sich selbst ernähren«, sobald das Umfeld passe.

Auch Tiere gehören zu diesem Denkgebäude. In seinem Weingarten leben robuste Shropshire-Schafe, sehr beliebt unter Winzern, weil sie fressen, was ihnen vor die Füße fällt, nicht was oben wächst. Und da ist Flocki, ein dreijähriger Noriker, mit dem Marcus auf lange Sicht im Weingarten arbeiten möchte. Ein bisschen geht bereits, doch Pferd wie Mensch müssen sich aneinander und an die Arbeit erst gewöhnen.

Nero ist schöner Pinot noir, wie er sich gehört, und steht für eine Weinlinie, bei der Flocki mit allem, was dazu gehört, in den Vordergrund gestellt wird: »Die 28 Euro sind der Preis dafür, dass wir auf diese Weise arbeiten.« Ausgebaut wurde er wie alle Georgium-Weine in Holzfässern, gearbeitet wird mit Low Intervention, wobei es schon fünf, sechs Jahre dauern kann, bis ein Wein fertig ist.

Marcus Gruze & Uta Slamanig | Längseestraße 9 | 9313 St. Georgen am Längsee | Tel. +43/650/2251234 | www.georgium.at | office@georgium.at

BERGLAND | TIROL | WEINBAU ZOLLER-SAUMWALD

111 Wie ein Gebirgsbach
Chardonnay **

Willkommen in den Alpen! Im Westen zeigt sich Österreich so, wie unzählige Winter- und Sommerurlauber es kennen. Das Land Tirol beeindruckt mit seiner majestätischen Bergwelt ganz besonders. Dass im Gebirgsklima von Nordtirol – nein, das italienische Südtirol meinen wir definitiv nicht – auch Wein angebaut wird, ist selbst in Österreich weitgehend unbekannt. Gut, viel ist es nicht – nur knappe zehn Hektar, doch die Tiroler Winzer setzen voll auf Qualität und bringen – der Klimawandel macht es möglich – erstaunlich spannende Weine in die Flasche.

Im Tiroler Oberland ernten die Winzer ihre Trauben drei bis vier Wochen später als die Kollegen in Niederösterreich. Die lange Reifezeit im Herbst bringt viel Extrakt, und die Tag-Nacht-Temperaturunterschiede können locker 20 °C betragen, was der Aromaausprägung zugutekommt.

In Haiming, im sonnigen Oberinntal, etwa 40 Kilometer westlich von Innsbruck, pflegen Peter Zoller und Elisabeth Saumwald mit viel Liebe und Aufwand 1,5 Hektar Reben. Die Landschaft prägt das bis 2.370 Meter aufragende Tschirgant-Massiv, an dessen Fuße Zollers Chardonnay-Reben auf 660 Meter Seehöhe in der Südlage Kirchenriese wachsen. Dort schafft der leicht erwärmbare, lockere Schotterkalkboden mit Muschelkalkablagerungen ideale Voraussetzungen für den kalkliebenden Chardonnay. Das Tschirgant-Massiv bewirkt zudem ein spezielles Mikroklima. »Eine 1.000 Meter hohe, unmittelbar hinter den Reben aufragende Felswand hat den Vorteil, dass sie viel Wärme wieder abstrahlt. Die Lage ist absolut geschützt, und auch die Kaltluft kann hier gut abfließen«, beschreibt der Winzer, der seine ersten Reben schon vor 20 Jahren pflanzte. Sein Chardonnay besitzt eine kühle Frucht, eine intensive Bergkräuterwürze und fließt klar und lebhaft dahin wie ein Gebirgsbach. Eleganz, feine Fülle und rauchige Steinigkeit bringen die Tiroler Bergwelt näher und auf beste Art ins Glas.

Weinbau Zoller-Saumwald | Steinweg 18 | 6425 Haiming | Tel. +43/676/3504292 | www.zoller-saumwald.at | wein@zoller-saumwald.at

Begriffe aus der Weinwelt

Amphorenwein
Älteste Art der Weinherstellung. Die großen traditionellen Amphoren (Tongefäße) aus Georgien heißen Qvevri oder Kvevri, fassen mehrere tausend Liter und werden in der Erde vergraben. Kleinere spanische oder griechische Amphoren nutzen Winzer auch freistehend.

Autochthone Rebsorten
Autochthon nennt man alte, heimische, nur regional verbreitete Sorten, zum Beispiel Roten Veltliner am Wagram oder Rotgipfler und Zierfandler in der Thermenregion.

Biologischer Weinbau
Auch organisch-biologischer Weinbau, ökologischer Weinbau. Die österreichische zertifizierte Bioweinbaufläche ist zuletzt stark gewachsen und umfasst derzeit rund 15 Prozent der Gesamtrebfläche. Tendenz weiter steigend.

Biologisch-dynamischer Weinbau
Der biodynamische Anbau geht einen großen Schritt weiter als der »herkömmliche« Bioanbau. Im Zentrum stehen ein lebendiger Boden, Ganzheitlichkeit und ein geschlossener Betriebskreislauf nach der Philosophie des Anthroposophen Rudolf Steiner. Wesentlich sind der Einsatz von Komposten und Präparaten zur Pflanzenstärkung, die Beachtung kosmischer Rhythmen und strenge Richtlinien im Keller. Etwa ein Zehntel der österreichischen Biorebfläche wird biodynamisch bearbeitet. Demeter und respekt-biodyn heißen die bekanntesten biodynamischen Verbände im deutschsprachigen Raum.

Boden
Der Boden ist der belebte obere Teil der Erdkruste und besteht aus verwittertem Gestein sowie organischer Substanz. Er versorgt den Rebstock mit Wasser, Sauerstoff und Nährstoffen.

Botrytis cinerea
Pilzkrankheit, die an allen grünen Teile der Rebe auftreten kann. Je nach Zeitpunkt und Ort des Befalls nennt man sie Graufäule, Grün-

fäule oder – bei reifen Trauben – Edelfäule. Als Edelfäule ist sie die Voraussetzung für Süßweine wie Beerenauslesen, Trockenbeerenauslesen und Ausbruch.

Buschenschank
Auch Heuriger oder in Deutschland Straußenwirtschaft. Das mehr oder weniger urige Lokal bietet Eigenbauweine und »einfache« Speisen an – ursprünglich nur Selbstgemachtes und daher oft kalte Speisen. Basis war die Zirkularverordnung von Kaiser Josef II. im Jahr 1784, die den Bauern eine Verdienstmöglichkeit eröffnete, indem sie eigene Produkte verkaufen durften.

Cuvée
Französische Bezeichnung für einen Verschnitt (engl. blend) von Weinen verschiedener Rebsorten, Lagen oder Jahrgänge.

DAC
Districtus Austriae Controllatus. Österreichisches Appellationssystem für herkunftstypische Qualitätsweine. Die gesetzlich verankerten DAC-Gebiete heißen bis dato: Weinviertel DAC, Mittelburgenland DAC, Traisental DAC, Kremstal DAC , Kamptal DAC, Leithaberg DAC, Eisenberg DAC, Ncusiedlersee DAC, Wiener Gemischter Satz DAC, Rosalia DAC, Vulkanland Steiermark DAC, Südsteiermark DAC, Weststeiermark DAC und Carnuntum DAC. Wachau DAC, Wagram DAC und Thermenregion DAC sollen folgen.

Frizzante
Italienisches Wort für Perlwein, auch im deutschsprachigen Raum gern verwendet, da es charmanter klingt.

Gemischter Satz
Beim Gemischten Satz stehen verschiedene Rebsorten gemischt im Weingarten. Ihre Trauben werden gemeinsam gelesen, vergoren und ausgebaut – im Gegenteil zu einer Cuvée, bei der fertig vergorene Weine miteinander verschnitten werden.

Herkunftssystem Gebietswein – Ortswein – Riedenwein
Den DAC-Reglements von Kremstal, Kamptal, Traisental, aller drei steirischen Gebiete und von Carnuntum liegt diese dreistufige Einteilung zugrunde, die auch als »burgundisches System« bezeichnet wird.

Löss
Löss ist kalkhaltiger Gesteinsstaub, der in den Eiszeiten vom Wind verfrachtet und abgelagert wurde. Lössböden besitzen eine gute Wasserspeicherfähigkeit und bieten den Reben reichlich Nährstoffe.

Low Intervention
Low-Intervention-Winemaking beschränkt die Eingriffe im Keller auf das Notwendigste. Verzicht auf Reinzuchthefen, Schönungsmittel und Filtration. Dem Wein wird möglichst wenig Schwefel, dafür mehr Zeit zur Entwicklung gegeben. Für minimale Intervention im Keller sind absolut gesunde Trauben und damit penible Arbeit im Weingarten Voraussetzung.

Maischegärung
Durch die Gärung des Mostes auf der Rotweinmaische entsteht Rotwein. In Kontakt mit den Beerenschalen kommt es zur Auslaugung von Farbstoffen und Gerbstoffen. Auch Weißweine können auf der Maische vergoren werden. Man nennt sie Orange Wines.

Master of Wine (MW)
Bezeichnung für Absolventen und Absolventinnen der weltweit renommiertesten Fachausbildung für Wein am Institute of Masters of Wine in London. In Österreich gibt es derzeit drei MW.

Naturwein/Natural Wine
Auch Vin naturel oder Raw Wine. Hier fehlt derzeit eine genaue gesetzliche Definition. Man bezeichnet damit biologische oder biodynamische Weine, die mit möglichst wenigen Eingriffen im Keller, ohne Reinzuchthefen und sonstige Behandlungsmittel, ohne Filtration hergestellt wurden. Eine geringe Menge Schwefel (SO2) ist zulässig; der Schwefelgehalt ist mitunter am Etikett angegeben.

Orange Wine/Oranger Wein
Weißwein, der wie Rotwein auf der Maische vergoren wird. Meist werden die Trauben abgebeert, mitunter werden auch die ganzen Trauben inklusive Stiele verwendet. Die Mazeration sorgt für Tannine und mehr Farbe. Orange Wines können, aber müssen nicht aus biologischer oder biodynamischer Produktion stammen.

Pet Nat
Beim prickelnden Pet Nat (Pétillant naturel) findet nur eine einzige Gärung statt, da der frische »Sturm« in Flaschen gefüllt wird und darin zu Ende gärt (Méthode Ancestrale oder Méthode Rurale genannt). So entsteht Schaumwein oder Perlwein mit Hefetrübung.

Prüfnummer für Qualitätswein
Wenn ein österreichischer Wein die Bezeichnung »Qualitätswein« tragen möchte, bestätigt durch eine am Etikett aufgedruckte »Prüfnummer«, muss er eine staatlich organisierte Prüfung bestehen, die sich aus einer labortechnischen Analyse und einem sensorischen Test durch eine sechsköpfige Kommission »Amtlicher Verkoster« zusammensetzt. Fällt eine eingereichte Weinprobe bei einem oder bei beiden Teilen durch, kann die Prüfung wiederholt werden. Andernfalls gilt der Wein als »Landwein« oder »Wein aus Österreich«.

Riede
Der österreichische Ausdruck für Lage/Einzellage. Eine abgegrenzte Weinbergsfläche mit gleichen geographischen, bodenmäßigen und kleinklimatischen Voraussetzungen. Das Wort »Ried« muss auf dem Weinetikett dem Lagennamen vorangestellt werden.

Terroir
Terroir entsteht aus dem Zusammenspiel von Boden, klimatischen Einflüssen und dem Wirken des Winzers oder der Winzerin. Das Terroir prägt den Charakter eines Weines.

Ungeschwefelter Wein
Da Hefen geringe Mengen an Schwefel als Nebenprodukt der Gärung erzeugen, gibt es keine »schwefelfreien« Weine, sehr wohl aber ungeschwefelte Weine. Verzichtet der Winzer auf das Schwefeln, kann »ohne Schwefelzugabe« oder »kein zugesetzter Schwefel« am Etikett stehen.

Veganer Wein
Weinbehandlung zur Klärung und Schönung erfolgt oft mit tierischen Stoffen, wie zum Beispiel Gelatine, Hühnereiweiß oder Fischblase. Alternativen pflanzlichen Ursprungs gibt es – so können immer mehr Weine als »vegan« gekennzeichnet werden.

Index nach Preisgruppen

Preisgruppe * bis 10 Euro

Birgit Eichinger: *Grüner Veltliner Ried Strasser Hasel Kamptal DAC* * | 50
Weingut Hareter: *Naturschönheit* * | 138
Herczeg: *Uhudler Frizzante* * | 196
Weingut Tamara Kögl: *Grüner Sylvaner »Denkmal«* * | 226
Langmann: *Schilcher Ried Hochgrail* * | 254
Schönberger: *Grüner Veltliner Burgenland* * | 172
Weinbau Weber: *Blaufränkisch Eisenberg DAC* * | 206
Zuschmann-Schöfmann: *Grüner Veltliner Frau Else zu Brynn* * | 96

Preisgruppe ** 10 bis 20 Euro

Andert Wein: *Blauer Zweigelt* ** | 132
Hartmut Aubell: *Burgunder Klevner* ** | 222
Weingut Beck: *Koreaa Gemischter Satz* ** | 134
Weingut Diwald: *Grüner Veltliner Sekt Brut* ** | 66
Weinberghof Fritsch: *Pinot noir Exlberg* ** | 68
Josef Fritz: *Roter Veltliner Ried Mordthal* ** | 70
Fuchs und Hase: *Pet Nat Vol. 3* ** | 52
Georgium: *Pinot noir Nero* ** | 258
Geyerhof: *Grüner Veltliner Ried Steinleithn Kremstal DAC* ** | 28
Gober & Freinbichler: *Neckenmarkt Blaufränkisch* ** | 184
Philipp Grassl: *Rubin Carnuntum* ** | 100
Ingrid Groiss: *Gemischter Satz Braitenpuechtorff* | 82
Weingut Harkamp: *Gelber Muskateller Natural* ** | 224
Herrenhof Lamprecht: *Furmint vom Sandstein* ** | 212
Christoph Hoch: *Kalkspitz Pet Nat* ** | 30
Jurtschitsch: *Grüner Veltliner Belle Naturelle* ** | 56
Kloster am Spitz: *Blaufränkisch Muschelkalk Rot* ** | 162
Weingut Macherndl: *Pulp Fiction No. 3* ** | 18
Weingut Dorli Muhr: *Samt&Seide Prellenkirchen Blaufränkisch* ** | 102
Weingut Müller: *Gewürztraminer Ried Hochwarth* ** | 214
Neumayer: *Grüner Veltliner Zwiri Traisental DAC* ** | 74

Georg Nigl: P*et Nat #3* ** | 112
Gerhard & Brigitte Pittnauer: *Weiße Cuvée »perfect day«* ** | 144
Weingut Prieler: *Pinot blanc Leithaberg DAC* ** | 170
rennersistas: *Waiting For Tom Rosé* ** | 148
Elisabeth Rücker: *Grüner Veltliner Ried Halblehen* ** | 86
Hannes Sabathi: *Grauburgunder Ried Kehlberg Falter Ego* ** | 234
Salomon Undhof: *Grüner Veltliner Ried Wachtberg Kremstal DAC* ** | 38
Weingut Schauer: *Sauvignon blanc Kitzeck-Sausal* ** | 238
Karl Schnabel: *Rotburger Sausal* ** | 240
Georg Schneider: *Pinot noir Ried Tagelsteiner* ** | 114
Weingut Schödl: *Blanc de Blancs brut* ** | 88
Seymanns Weinhandwerkerei: *Blauer Portugieser Rakatai* ** | 90
Stift Göttweig: *Grüner Veltliner Messwein* ** | 42
Weinbau Straka: *Cuvée »Alte Reben« weiß* ** | 202
Weingut Tauss: *Sauvignon blanc Vom Opok* ** | 242
Tement: *Welschriesling Ottenberg Veitlhansl* ** | 244
Johannes Trapl: *Sankt Laurent* ** | 106
Peter Uhler: *Gelber Muskateller Ried Reisenberg* ** | 126
Weingut Umathum: *Königlicher Tafelwein* ** | 152
Wachter-Wiesler: *Blaufränkisch Béla-Jóska Eisenberg DAC* ** | 204
Weingut Warga-Hack: *Weißburgunder Kitzeck-Sausal* ** | 246
Matthias Warnung: *Grüner Veltliner Espere* ** | 62
Weingut Wellanschitz: *Neckenmarkter Fahnenschwinger Blaufränkisch Alte Reben* ** | 190
Weingut Wohlmuth: *Riesling Dr. Wunsch* ** | 250
Herbert Zillinger: *Grüner Veltliner Ried Vogelsang* ** | 92
Weingut Alexander Zöller: *Fräulein Müller macht Party* ** | 44
Weinbau Zoller-Saumwald: *Chardonnay* ** | 260

Preisgruppe *** 20 bis 30 Euro

Jutta Ambrositsch: *Gemischter Satz »Ringelspiel«* *** | 120
Weinhof Bauer-Pöltl: *Blaufränkisch Natur* *** | 182
Domäne Wachau: *Riesling Achleiten Smaragd* *** | 12
Weingut Feiler-Artinger: *Ruster Ausbruch Pinot Cuvée* *** | 158
Weingut Frauwallner: *Weißburgunder Ried Buch* *** | 210
Weingut Gebeshuber: *Rotgipfler Ried Laim* *** | 110

Andreas Gsellmann: *Traminer maischevergoren* *** | 136
Gut Oberstockstall – Fritz Salomon: *Orange* *** | 72
Gut Oggau: *Josephine* *** | 160
H. P. Harrer: *Neuburger Ton Steine Reben* *** | 140
Heike & Gernot Heinrich: *Graue Freyheit* *** | 142
Hirsch: *Riesling Ried Heiligenstein Kamptal DAC* *** | 54
Weingut Kollwentz Römerhof: *Sauvignon blanc Steinmühle* *** | 164
Weingut Kopfensteiner: *Blaufränkisch Ried Saybritz Eisenberg DAC Reserve* *** | 198
Lackner Tinnacher: *Grauburgunder Steinbach* *** | 228
Lesehof Stagård: *Riesling Ried Steiner Hund* *** | 40
Weingut Lichtenberger-González: *Muskat Ottonel* *** | 166
Michi Lorenz: *Gelber Muskateller Schwarzer Schiefer Hochbrudersegg* *** | 230
Sektkellerei Madl: *Cuvée Special brut* *** | 84
Mantlerhof: *Roter Veltliner Reisenthal Botega* *** | 32
Weingut Sepp Moser: *Sauvignon blanc* *** | 34
Weingut Muster: *Graf Morillon* *** | 232
Hans & Anita Nittnaus: *Chardonnay Ried Bergschmallister Leithaberg DAC* *** | 168
Irene und Horst Pelzmann: *Blaufränkisch Spitzerberg* *** | 104
Weingut Ploder-Rosenberg: *Blanca* *** | 216
Weingut Proidl: *Riesling Proidl spricht deutsch* *** | 36
Josef Scharl: *Muscaris Kvevri »Der Mann im Mond«* *** | 218
Weingut Schloss Gobelsburg: *Riesling Tradition* *** | 60
Christian Tschida: *Cabernet Franc Kapitel 1* *** | 150
Michael Wenzel: *Furmint Ried Vogelsang* *** | 178
Fritz Wieninger: *Wiener Gemischter Satz DAC Ried Ulm* *** | 128
Johannes Zillinger: *Numen Rosé Sankt Laurent* *** | 94

Preisgruppe **** 30 bis 40 Euro

Weingut Bründlmayer: *Grüner Veltliner Ried Käferberg Kamptal DAC Reserve* **** | 48
Michael Edlmoser: *Gemischter Satz »Qualtinger« maischevergoren* **** | 122

Weingärtnerei Frischengruber: *Grüner Veltliner Ried Kreuzberg Smaragd* **** | 14
Fred Loimer: *Blanc de Blancs Langenlois Große Reserve brut nature* **** | 58
Moric: *Blaufränkisch Lutzmannsburg Alte Reben* **** | 186
Weingut Martin Muthenthaler: *Grüner Veltliner Ried Schön* **** | 20
Claus Preisinger: *Pinot noir* **** | 146
Sattlerhof: *Morillon Pfarrweingarten* **** | 236
Heidi Schröck: *Ruster Ausbruch »Auf den Flügeln der Morgenröte«* **** | 174
Hannes Schuster: *Sankt Laurent Zagersdorf* **** | 188
Stadlmann: *Zierfandler Ried Mandel-Höh* **** | 116
Weingut Strohmeier: *TLZ Lysegrøn* **** | 256
Ernst Triebaumer: *Blaufränkisch Ried Mariental* **** | 176
Franz Weninger: *Kalkofen Blaufränkisch* **** | 192
Weingut Werlitsch: *Ex Vero III* **** | 248

Preisgruppe ***** über 40 Euro

Markus Altenburger: *Blaufränkisch Ried Jungenberg* ***** | 156
Ebner-Ebenauer: *Sekt Blanc de Blancs Zero Dosage* ***** | 78
Grabenwerkstatt: *Riesling Ried Trenning Smaragd* ***** | 16
mg vom sol – Michael Gindl: *Weissburgunder Sodalis* ***** | 80
Nikolaihof: *Riesling Vinothek* ***** | 22
Weinbau Schiefer pur: *Blaufränkisch Ried Szapary »s«* ***** | 200
Weingut Veyder-Malberg: *Riesling Weißenkirchener Ried Buschenberg* ***** | 24

Stand Frühjahr 2019

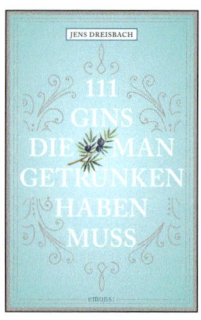

Jens Dreisbach,
Tobias Fassbinder
111 Gins, die man getrunken haben muss
ISBN 978-3-7408-0571-5

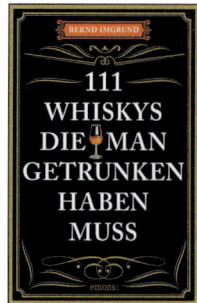

Bernd Imgrund,
Tobias Fassbinder
111 Whiskys, die man getrunken haben muss
ISBN 978-3-7408-0242-4

Martin Droschke,
Norbert Krines
111 deutsche Craft Biere, die man getrunken haben muss
ISBN 978-3-7408-0338-4

Thomas Fuchs
111 deutsche Biere, die man getrunken haben muss
ISBN 978-3-95451-414-4

Torsten Goffin
111 belgische Biere, die man getrunken haben muss
ISBN 978-3-7408-0567-8

Fede & Tinto
111 Weine aus Italien, die man getrunken haben muss
ISBN 978-3-95451-861-6

Carsten Sebastian Henn,
Tobias Fassbinder
111 deutsche Weine, die man getrunken haben muss
ISBN 978-3-95451-465-6

HP Mayer
111 Orte in Deutschland für echte Weingenießer
ISBN 978-3-7408-0371-1

Karl Haimel, Peter Eickhoff
111 Orte in Wien, die man gesehen haben muss
ISBN 978-3-89705-969-6